MW00737745

Notas de elogio de *Segundas oportunidades*

«Para aquellos que han aprendido que el golf es más que tan sólo un juego, Segundas oportunidades será una lectura bien recibida que proveerá conocimiento sagaz útil no sólo para su juego de golf, sino también para sus vidas».

—Ben Crenshaw, dos veces campeón Masters y miembro
del Salón Mundial de la Fama del Golf desde 2002

«Wally Armstrong y Ken Blanchard no sólo saben mucho de golf sino de la vida y el valor de las relaciones. Ellos han producido una historia que va a reconfortar su corazón, le ayudará a jugar golf, y puede que incluso toque su vida».

—Jack Nicklaus, leyenda del golf y miembro del
Salón Mundial de la Fama del Golf desde 1974

«Yo realmente disfruté leer Segundas oportunidades y sé que a mi papá, Harvey, le hubiera gustado este librito sencillo porque en él hay tantas cosas que personifican la sabiduría, gracia, y la importancia de las amistades que mi papá siempre atesoró».

—Tinsley Penick, miembro de la
Asociación Profesional de Golfistas

«Una historia convincente acerca de la importancia de la segunda oportunidad. Puede suceder sólo en el punto de salida en el golf, pero en el juego de la vida está a la disposición de cualquiera que la pide, siempre y cuando esté preparado para pedirla y conozca al Único que tiene la respuesta».

—C. William Pollard, presidente ejecutivo de The ServiceMaster
Company y autor de *El Alma de la compañía*

«Si usted quiere mejorar su juego de golf y su vida, Segundas oportunidades es un libro de lectura obligada. Es una travesía espiritual por el camino de cada hoyo».

—John C. Maxwell, autor, orador, y fundador de INJOY
Stewardship y EQUIP

«De vez en cuando necesitamos una llamada de aviso para que nos recuerde las cosas de la vida que realmente son importantes. Afortunadamente, Wally Armstrong y Ken Blanchard en su libro, *Segundas oportunidades*, nos reafirman y aseguran que las segundas oportunidades para corregir nuestros errores ¡están a un golpe de distancia!»

—Paul J. Meyer, New York Times autor de éxito de librerías
y fundador de Success Motivation International, Inc.

«En *Segundas oportunidades*, Wally Armstrong y Ken Blanchard armonizan con el sentir de los deportistas y aquellos que buscan un mejor entendimiento de la esfera más amplia que es la vida misma. Las lecciones de las segundas oportunidades, el perdón, y el amor son eternas tal como las promovió el propio gran «profesional experimentado»: Jesucristo».

—Pete McDaniel, autor de éxitos de librería
y escritor principal de *Golf Digest*

«Al caminar por las calles de la vida, este gran juego nos enseña desde muy temprano que si continuamos con nuestra dedicación a la perfección, pueden ocurrir buenas cosas. Lo mismo es cierto en nuestras vidas; la dedicación, el trabajo duro, y el aprendizaje mediante el error serán recompensados. *Segundas oportunidades* prepara el ambiente para alcanzar ese máximo puntaje. ¡Buen trabajo, Wally y Ken!»

—Jerry Rich, propietario de Rich Harvest Farms,
sede de la Copa Solheim del 2009

«Si el golf es una metáfora de la vida, entonces un mulligan es una metáfora perfecta del amor de Dios. El nuevo libro de Ken Blanchard es un recordatorio fantástico de que cada vez que pedimos, Dios nos da segundas oportunidades a lo largo de todas nuestras vidas hasta llegar a la eternidad».

—Bill Jones III, director ejecutivo y presidente
de Sea Island Company

Segundas oportunidades

Todos las necesitamos... tanto en el golf como en la vida

Segundas oportunidades

Todos las necesitamos... tanto en el golf como en la vida

WALLY
ARMSTRONG

KEN
BLANCHARD

GRUPO NELSON
Una división de Thomas Nelson Publishers
Desde 1798

NASHVILLE   DALLAS   MÉXICO DF.   RÍO DE JANEIRO   BEIJING

© 2007 por Grupo Nelson
Publicado en Nashville, Tennessee, Estados Unidos de América
Grupo Nelson, Inc. es una subsidiaria que
pertenece completamente a Thomas Nelson, Inc.
Grupo Nelson es una marca registrada de Thomas Nelson, Inc.
www.gruponelson.com

Título en inglés: *The Mulligan*
© 2007 por Wally Armstrong y Blanchard Family Partnership
Publicado por Thomas Nelson, Inc.

A menos que se especifique lo contrario, las citas bíblicas usadas
son de la Biblia en Lenguaje Sencillo
© 2000 Sociedades Bíblicas Unidas en América Latina.
Usadas con permiso.

Traducción: *Rolando Cartaya*
Tipografía: *Grupo Nivel Uno, Inc.*

ISBN: 978-0-88113-406-3

Impreso en Estados Unidos de América

2ª impresión, 10/2007

Contenido

«*MULLIGAN*» término usado en el golf. En un partido amistoso es el permiso que otorgan los jugadores a un golfista para repetir un mal tiro, especialmente el primero del juego. El mulligan es el generoso perdón del golf, tuvo su origen en el Winged Foot Golf Club de Estados Unidos de Norteamérica, por idea de David B. Mulligan. Esta segunda oportunidad de ejecutar un tiro no se contempla en las reglas oficiales del golf.

*Este libro
está dedicado a
Duke Dupree,
Harvey Penick,
Davis Love Jr.
y a todos
los veteranos
de quienes tanto
aprendimos sobre
el golf y la vida.*

Prólogo

Mi pasión por el golf nació cuando era niño, en los maizales de Indiana. En ese tiempo yo perseguía las bolas perdidas en los campos que rodeaban los nueve hoyos del club local, Indian Lake Country Club. En un día bueno salía con los bolsillos llenos de pelotas para venderlas por unas cuantas monedas de cinco o diez centavos. Pero cuando realmente ganaba dinero era cuando le servía de caddie[1] al campeón del club, Duke Dupree.

Duke se dio cuenta de mi pasión y mi deseo de jugar, así que me enseñó los fundamentos del juego; más que eso, me ayudó a creer en mí. Él pudo ver todas las posibilidades latentes en mi vida y me hizo creer que podían hacerse realidad. Duke fue más que mi jefe, fue maestro, hermano, amigo y padre; su influencia en mi vida es inmensa. Muchas veces durante mis eventos denominados «300-plus» del Tour de la Asociación de Golfistas Profesionales (PGA, por sus siglas en inglés), he sentido la presencia de Duke a mi lado, animándome a ejecutar el próximo tiro.

Además de reflejar la sabiduría de Duke Dupree, este libro refleja la influencia de otros dos hombres: uno de ellos es el legendario jugador profesional de golf Harvey Penick, autor de *El pequeño libro rojo del golf* (editado por Tutor S.A., 1998). No es accidental que uno de los personajes principales de *Segundas oportunidades*, el viejo profesional (de aquí en adelante viejo pro) Willie Dunn, se parezca en muchos aspectos a Harvey; siempre se consideró a sí mismo un caddie adulto, y muchos de nosotros tenemos la misma opinión.

Antes podían encontrarse caddies en todas las instalaciones de golf, desde los parques municipales hasta los clubes campestres; ser caddie ofrecía a miles de jóvenes una oportunidad para ser inoculados con el virus del golf. Davis Love, hijo, reconocido instructor que murió trágicamente en un accidente de aviación, fue otra influencia clave para mí, y su hijo Davis Love III, jugador del Tour de la PGA es un importante personaje del libro. Harvey Penick era entrenador de golf en la Universidad de Texas cuando Davis Love, hijo, jugaba allí. En 1985, poco después de dejar de jugar en el Tour de la

PGA a tiempo completo, tuve el privilegio de ver a Davis impartiendo lecciones de golf. ¡Fue tan emocionante! Él tenía una firme y a la vez amable manera de enseñar, a través de analogías y un lenguaje familiar. Estos tres hombres: Duke, Harvey y Davis fueron mi guía en el desarrollo de los personajes y el argumento de este libro. Su forma de ver la vida y el golf se corresponden perfectamente con el mensaje de este volumen.

Una de las cosas que Duke me enseñó es que la vida se compone esencialmente de relaciones, algo que usted escuchará decir al viejo pro en las páginas siguientes. Nuestros corazones están diseñados para establecer amistades significativas que constituyen para nosotros valiosos tesoros; estas relaciones nos acompañan a lo largo de nuestra vida. Yo he sido verdaderamente bendecido con mis amistades, Ken Blanchard es gran amigo mío.

Hace años, cuando conocí a Ken hubo entre nosotros una química instantánea, porque los dos amamos este juego y comprendemos el gran valor de las relaciones interpersonales. Los dos creemos que mediante las relaciones y las segundas oportunidades que tuvimos en la vida pudimos definir un concepto mejor en cuanto a quiénes somos y cuál es el propósito de la vida. Esa es la razón de nuestro mensaje: que la vida es un tazón desbordado de mulligans: ¡las segundas oportunidades abundan! Cada uno de nosotros necesita tomarlas y aprender de ellas; en la medida que lo hagamos nos sentiremos más fuertes para jugar en el terreno que se extiende ante nosotros en el golf y en la vida.

Es nuestro sincero deseo que este libro llene de gozo y esperanza su camino.

—*Wally Armstrong*
Julio 2006

El ejecutivo

«*T*arde, como siempre», musitó frustrado Pablo McAllister. Llegar tarde a la salida del torneo Pro-Am (Profesionales y Amateurs) en el Biltmore Forest Country Club de Asheville, Carolina del Norte, era lo último que hubiera deseado. Durante mucho tiempo había querido jugar en aquel Pro-Am, especialmente después de la noche anterior. Había volado la tarde de ese día desde Atlanta para la «Fiesta de emparejamiento» del Pro-Am. Pablo no cabía en sí de contento desde que supo que su *foursome*[2] había sido agraciado con la presencia de Davis Love III, pues Love había sido, año tras año, uno de los más grandes jugadores profesionales del tour de la PGA. A su padre, Davis Love Jr., se le consideraba uno de los mejores maestros del juego en el mundo.

¡Qué gran oportunidad!, pensó McAllister, *quizá Love pueda ayudarme con mi juego.*

La actitud de Pablo hacia el golf era la misma que tenía hacia todo: quería ser el mejor. A sus cuarenta y cinco años de edad su vida era una cadena de triunfos, un juego tras otro. Había estudiado en una universidad exclusiva, perteneciente a la *Ivy League*, se esforzó para figurar entre los mejores de su clase; era presidente o capitán de cualquier equipo en el que participara. Pablo se sentía motivado, para él todo consistía en progresar: ingresar a un buen postgrado, conseguir trabajo en la mejor compañía posible, mantenerse siempre un paso adelante de los demás; y era muy exitoso.

El único fracaso en la vida de Pablo había sido su matrimonio. Después de obtener su maestría en Administración de Negocios, se había casado con Rebeca, su novia de la universidad. Ella era una de las muchachas más populares en el campus, todos la deseaban, pero él los había derrotado. En secreto, disfrutaba saber que si ella no hubiera pronunciado «Sí» el día de la boda, por lo menos tres de los presentes habrían dado un paso al frente para reemplazarlo en el altar. Cuando la ceremonia nupcial terminó, Pablo pensó que la tarea marital había concluido; ahora podría regresar al trabajo.

Después de cinco años tratando de encontrar alguna forma de ser parte de la vida de Pablo, incluyendo el haber tenido un hijo con él, Rebeca le pidió el divorcio. Ella había intentado todo, incluso que tomaran juntos consejería matrimonial, pero Pablo nunca tenía tiempo; para él eso no era importante, estaba demasiado ocupado en su rol de empresario, tratando de hacer prosperar su negocio. Después de trabajar dos años para una importante compañía había decidido establecer su propia empresa, entonces trabajó más que nunca. Pero eso tuvo sus consecuencias; tal como él mismo había previsto, la tarea marital había terminado. Su esposa e hijo dejaron de buscar un lugar en su vida, y aunque al principio sufrió dolor y remordimiento, Pablo lo tomó como un reto para impulsar su carrera.

Una vez que se sintió libre para concentrarse en el negocio que había iniciado tres años antes, Pablo llegó a ser dueño de una operación multimillonaria. Cuando Pablo McAllister contemplaba su vida, pensaba que el verdadero éxito tenía que ver con la riqueza que había acumulado, el reconocimiento a su esfuerzo, así como el poder y el estatus que había alcanzado. Sin embargo, después de quince años de experimentar las alzas momentáneas que produce un buen negocio tras otro, Pablo sentía que algo le faltaba. Lo que había logrado no era suficiente.

Aunque quienes habían crecido con él, como sus condiscípulos, con quienes recientemente había estado en la celebración del vigésimo quinto aniversario de su graduación de bachillerato, le consideraban un hombre exitoso, no era suficiente consuelo para él. No importaba lo que lograra, nunca era suficiente. El trabajo nunca terminaba.

En lugar de detenerse a encontrar la razón, Pablo estaba siempre buscando la próxima montaña a escalar. Para él, esa próxima montaña era el golf.

El golf se convirtió en la segunda mayor pasión en la vida de Pablo. Era el único vínculo que compartía con su padre alcohólico; sus recuerdos más felices tenían que ver con las tardes de verano que pasó en compañía de su padre recorriendo el campo público de golf que quedaba cerca de su casa. Su padre salía temprano de trabajar para enseñarle los fundamentos y trucos del juego; pero ese luminoso período terminó bruscamente cuando su padre falleció en un accidente automovilístico. Su muerte provocó que a los doce años de edad Pablo se sintiera abandonado y solo. Ahora, como adulto, su vida se convirtió en una interminable misión encaminada a llenar ese vacío.

2

Un trauma

*M*ientras se acercaba a la casa club del campo de golf, Pablo estaba un poco enojado ya que no había quién cargara su bolsa. Cuando por fin un joven se ofreció a llevarla, lo trató con sequedad. Le entregó la bolsa y se apresuró hacia la mesa de inscripción sin darle propina.

Después de inscribirse, se dio cuenta de que sólo tenía treinta minutos antes de hacer su salida. *No queda mucho tiempo para calentar*, pensó. Se encaminó entonces rápidamente al campo de prácticas para golpear tantas pelotas como fuera posible antes de dirigirse al tee de salida.[3]

Ya estaban esperándolo otros tres aficionados; Pablo los había conocido la noche anterior en la Fiesta de emparejamiento, pero después de saber cómo se ganaban la vida y a quiénes no conocían, los había descartado y los consideró como demasiado insignificantes para iniciar una amistad con ellos. Les dio la mano con frialdad; su principal preocupación era el paradero del único profesional en aquella ronda, Davis Love III.

Cuando el iniciador preguntó si el grupo de las 11:30 horas estaba listo, Love salió de entre la multitud caminando hacia el tee.[4] Sonreía cálidamente mientras se presentaba a cada uno de sus compañeros aficionados. Cuando Pablo estrechó la mano de Davis se preguntó qué podría hacer para que Love comprendiera que él era el miembro más importante del grupo. Las últimas tres semanas había tomado algunas lecciones como preparación para este torneo; con suerte, la calidad de su juego allanaría el camino para establecer una relación con Love.

Después de que Love pegara un elevado drive[5] a más de 300 yardas, desde el primer tee hasta el centro del fairway[6], Pablo invitó a sus tres compañeros, con fingida caballerosidad, a hacer sus primeros tiros. Mientras les observaba conectar sus drives, una sonrisita se dibujó en el rostro de Pablo; se daba cuenta de que eran verdaderos primerizos, con un handicap[7] de 20 golpes en el mejor de los casos. Y allí estaba él, con su handicap de 12 golpes, que pronto lo ubicaría en los primeros lugares.

Cuando llegó su turno, Pablo se acercó confiadamente a la caja del tee, preparó la bola, caminó hacia atrás para contemplar la calle que conducía al hoyo.

Entonces su caddie le interrumpió: «El mejor punto para dirigir su drive en este hoyo es hacia el centro-derecha de la calle; desde allí hay una vista despejada, especialmente si considera dónde han colocado hoy el banderín». El consejo del caddie rompió la concentración de Pablo. *Espero que no se pase todo el día hablándome al oído*, pensó Pablo, *yo conozco bien este juego*.

Entonces se aproximó a la pelota, hizo un fuerte swing[8] y pegó un largo gancho a la izquierda, demasiado abierto. La bola no sólo no se detuvo en la parte derecha de la calle, sino que cayó en terreno escabroso a su izquierda. Pablo paseó la vista rápidamente por la galería para ver si alguien estaba tomando fotos y poderle culpar por su error. Había visto a Tiger Woods y otros profesionales de renombre hacer esto muchas veces ante las cámaras de televisión, pero cuando miró hacia Davis, este no estaba prestando atención. Ni siquiera le importaba saber dónde había caído el tiro de Pablo (tiempo después, Pablo sabría que Davis Love había aprendido bien el secreto para jugar en los torneos Pro-Am: jamás fijarse en el swing de los aficionados. Jugar su propio juego. Uno no necesita llenar su mente de imágenes negativas, particularmente cuando se gana la vida jugando golf).

El gancho con que Pablo salió del primer tee sería un augurio de lo que estaba por venir; iría de mal en peor. Aunque sus compañeros de equipo, de handicap más alto que el suyo, se quedaban cortos en las salidas, iban descontando puntos al embocar la bola con un solo golpe más que el par del hoyo. Mientras, Pablo salía del tee con tiros largos pero desviados, y terminaba sus hoyos con dobles boguéis,[9] dos golpes más que el par.[10] Hizo todo lo que pudo por corregir su swing, pero nada parecía funcionar. Al llegar al hoyo número 9, Pablo estaba perdiendo la paciencia, no había desarrollado una relación con Love ni con sus compañeros de ronda y ciertamente no la estaba pasando bien.

Como de costumbre, empezaba a dominarle su propia autocensura. *Eres un idiota*, pensaba, *¡Debería darte vergüenza! ¿Cómo puedes jugar así? Esas lecciones no te ayudaron.*

Cuando le tocó salir la próxima vez, trató de calmar su mente por primera vez en la ronda y consiguió pegar un drive perfecto que le ayudó a sonreír de nuevo. *Ahora voy a recuperarme*, pensó. Después del drive hizo un hermoso tiro con el palo número cuatro, que picó en el centro del green[11] y se detuvo a cuatro pies del agujero. Hasta los que se habían reunido alrededor, esperando el tiro de Davis Love, aplaudieron a Pablo mientras se acercaba.

Una vez que Davis y sus compañeros de equipo embocaron sus bolas, llegó el turno de Pablo, que sentía cómo la sangre le golpeaba las sienes. Estaba en el segundo hoyo más difícil de la tarjeta y había recibido un stroke,[12] en este caso un tiro extra a su favor. Si era capaz de meter la bola con un birdie,[13] su equipo terminaría el hoyo número 9 con un eagle[14]. Hasta Davis Love se dio cuenta, y ayudó a Pablo a planear su putt[15]. Pero cuando le pegó a la esférica, esta se detuvo a tres pulgadas del agujero, el temido *never up, never in*. Pablo pensó en lo que había dicho de esa situación Yogi Berra, el famoso receptor de los Yankees de Nueva York: «El noventa por ciento de los putts que se quedan cortos, jamás entran».

Tras meter suavemente la bola en el agujero igualando el par, Pablo explotó. Tomó su putter[16] y lo lanzó a un lago cercano. Todos a su alrededor, incluyendo a los caddies, se alejaron en silencio, dejándole solo en el green.

Pablo no sabía si llorar o gritar. Percatándose de que tendría que «patear» la pelota el resto de la ronda con un hierro número dos o una madera, se arremangó los pantalones y se metió en el lago para tratar de recuperar su putter. Lo que él había esperado fuera un día maravilloso, se había convertido en una pesadilla.

Cuando finalmente se encaminó al décimo tee, Davis Love estaba allí esperándole y le dijo en tono preocupado: «Pablo, no hemos hablado mucho durante los primeros nueve hoyos, pero te he estado observando y, para ser franco, no eres tan bueno como para enojarte así. Lo que acabas de hacer en el noveno green quizá dice tanto sobre dónde te encuentras en la vida como sobre dónde te encuentras en el juego. Medita sobre esto». Diciendo esto, Love se adelantó al tee para lanzar su tiro.

El comentario de Love dejó helado a Pablo; por primera vez en su vida se sentía profundamente avergonzado (o al menos era la primera ocasión que lo admitía). Se preguntó si debía abandonar el juego e ir a buscar su automóvil, pero las palabras de Love también le habían comprometido; provocaron que se quedara.

Tras dejar atrás el décimo tee, Pablo esperó a que Love lo alcanzara, pero el profesional conectó su drive desde el tee trasero, casi 75 yardas más atrás del punto de salida de los aficionados. Cuando Love se acercó, Pablo sentía un nudo en la garganta, pero finalmente le dijo: «Lo que me ha dicho me ha golpeado como una pila de ladrillos, le pido que me disculpe, me he portado como un imbécil».

3

El mentor

Mientras deambulaban por el fairway, Love le respondió:

—No te preocupes Pablo, yo he jugado muchos torneos Pro-Am; es duro ver lo que las personas se hacen a sí mismas en un campo de golf. Me gano la vida con este juego, y tú te la ganas haciendo otra cosa, pero la manera en que nos comportamos aquí con frecuencia refleja la manera en que vivimos. Mi padre siempre me enseñó que la vida y el golf tienen mucho en común. De hecho, papá acostumbraba decir que golf son las iniciales de *Game Of Life First* (por sus siglas en inglés: Primero el juego de la vida).

Pablo rió por primera vez en la ronda.

—Siempre había escuchado decir que este juego se llamaba golf porque todas las demás palabras obscenas ya estaban patentadas. Pero, pensándolo bien, me gusta más su acrónimo que mi chiste.

—A mí también —dijo Davis sonriendo—, si mi padre todavía viviera te sugeriría que lo visitaras. No sólo fue un gran maestro de golf, también lo fue del juego de la vida; pero todavía vive un viejo amigo suyo que creo que podría ayudarte. Quienes le conocen le llaman el Viejo Pro. Su nombre es Willie Dunn. Fue llamado «Viejo Pro» como su abuelo, el Viejo Willie Dunn, un famoso escocés diseñador de campos de golf que vivió a mediados del siglo XIX. Este tuvo un hijo: John Duncan Dunn, también profesional del golf que vino a los Estados Unidos en 1898 para enseñar el deporte y diseñar campos de golf en Florida y California. Con tales antecedentes familiares Willie también ganó su cuota de trofeos, hasta que su carrera competitiva terminó trágicamente, cuando fue herido en un hombro durante la Segunda Guerra Mundial. Después de la guerra, se estableció en Asheville, Carolina del Norte, y ha estado enseñando golf aquí durante sesenta años. Supongo que podrás encontrarle a la entrada del club cuando terminemos la ronda, le encanta sentarse allí y ver a los golfistas entrar y salir, observar cómo transcurre la vida. Willie ya tiene casi noventa años, pero su mente es todavía ágil y es uno de los hombres más sabios que conozco. Te recomiendo que pases algún tiempo con él. Dile que yo te envié.

Después de hablar con Davis, Pablo se maravilló por lo relajado que se sentía, y empezó a jugar mejor. Aunque las palabras habían sido duras, se daba cuenta de que Davis tenía razón; había estado rezongando por un juego al que no le dedicaba suficiente tiempo para perfeccionarlo ¡y esperaba que cada tiro suyo fuera extraordinario! También reflexionó sobre la relación entre el golf y la vida, comprendió que se sentía mal con ambos.

Pablo siempre había sido estricto en cuanto a la aplicación de las reglas y nunca le simpatizó la práctica común de conceder a los jugadores un mulligan cuando el drive inicial no les salía bien. Pese a que había estado en situaciones en las que nada le hubiera costado ofrecer a otro jugador un mulligan, o él mismo podría haber aceptado uno, nunca lo hizo. Su orgullo no le permitía aceptar caridad, ni hacerla. Sin embargo, aquel día había despreciado la oportunidad de su vida, le habría gustado volver a jugar sin consecuencias los nueve primeros hoyos. Habría sido una experiencia totalmente diferente. Sonrió mientras se imaginaba aceptando un mulligan en los primeros nueve. *Sería como un supermulligan*, pensó.

Pablo, riendo, recordó su primera visita a Escocia; allí había aprendido que para tirar un mulligan se requería buena voluntad por parte de los demás jugadores. Su primer campo de golf había sido el de Turnberry, donde se ha jugado varias veces el Torneo Abierto Británico. Cuando su pareja metió la pelota en terreno sucio, se volvió hacia el iniciador y le preguntó: «¿Puedo tener un mulligan?»

Sin cambiar su expresión, le respondió: «Si usted consigue un mulligan en Escocia, podrá tirar tres veces».

Al terminar la ronda, Pablo estrechó las manos de sus compañeros de equipo y se acercó a Davis. Este, señalando la entrada del club, le dijo:

—El Viejo Pro está allí ahora. Lo identificarás fácilmente: está sentado en una mecedora, en el ala izquierda del portal.

—Gracias por su ayuda y sus consejos —dijo Pablo.

—Buena suerte. Presiento que el Viejo Pro te ayudará con algo más que con tu técnica de golf.

4

El inicio de un nuevo contrato con la vida

*D*espués de que su caddie hubo limpiado y enviado sus palos al estacionamiento para guardarlos en el portaequipaje de su auto, Pablo se dirigió a la casa club. Mientras se acercaba pudo distinguir, sentado en su mecedora, al Viejo Pro. Vestía pantalones bombachos y calcetines con diseño de rombos. Las arrugas en su nuca eran profundas y entrecruzadas, como un mapa de carreteras que hubiese sido plegado una y otra vez. Pablo quedó impresionado por la cálida sonrisa del anciano. Él, a su vez le sonrió y le dijo:

—Davis Love me ha dicho que debo hablar con usted.

El Viejo Pro sonrió y le dijo:

—Siéntate hijo.

—¿Cómo debo llamarle, señor? —dijo Pablo al sentarse.

—Sólo llámame Will —dijo el veterano— mi apellido es Dunn, y me gustaría pensar que quizás al final de mi vida les escucharé decir «¡Will Dunn!»

El viejo volvió a sonreír, pero Pablo, que no había entendido el juego de palabras (el sonido es parecido a *Well done!*, que en inglés significa «¡Bien hecho!»), por lo que se limitó a responder:

—Bueno, Will, me parece bien llamarle así.

—Hijo, ¿qué estuviste haciendo por ahí para que Davis te mandara a verme?

—Bueno, señor, creo que me estaba tomando el juego demasiado en serio, como siempre lo hago. Estaba tratando de impresionar a Love y a mis compañeros de equipo con mis habilidades, pero hice un tiro terrible en el primer tee. Y desde entonces las cosas fueron de mal en peor. Por último, en el hoyo número 9 pegué un magnífico drive y un hermoso segundo tiro que se detuvo a cuatro pies del banderín, pero el putt me quedó corto. Cuando eso ocurrió, perdí el juicio y arrojé el putter al lago. Después, Davis vino a hablar conmigo en privado y me abrió los ojos sobre el daño que me estaba haciendo a mí mismo.

—Me basta —le interrumpió sonriente el Viejo Pro.

—Lo que Davis me dijo me cayó encima como una tonelada de ladrillos. Hizo una verdadera impresión en mí; me llegó al alma ¿tiene tiempo para que hablemos? —le preguntó Pablo al anciano.

Este respondió despacio, cuidadosamente:

—Tengo todo el tiempo del mundo, hijo.

—Davis me aseguró que usted me ayudaría a enderezar no sólo mi técnica de golf, sino quizá también mi vida.

—Eso es un gran desafío —dijo el viejo—. Pero el golf y la vida tienen mucho en común. El golf es capaz de mostrar qué ocurre en el interior de una persona. Como quizás ya te habrá dicho Davis, su padre y yo concordábamos en que para dominar el juego de golf, es preciso dominar primero el juego de la vida.

—Sí, me lo dijo ¿puede explicarlo mejor?

—Claro —asintió el Viejo Pro sin dejar de sonreír— en la vida como en el golf:

- Recibes buenas segundas oportunidades que mereces.
- Recibes buenas segundas oportunidades que no mereces.
- Recibes malas segundas oportunidades que mereces.
- Recibes malas segundas oportunidades que no mereces.
- A veces juegas mejor o rindes más de lo que deberías y tienes que enfrentarte al éxito.
- A veces juegas peor o rindes menos de lo que deberías y tienes que enfrentarte al fracaso.

—Todo esto sucede en el golf en cuatro horas y media, con esa pelotita que te observa sin que haya nadie más para pegarle que tú. En la vida sucede a cada momento y todos los días.

—Parece interesante —comentó Pablo— nunca lo había visto desde esa perspectiva. Si usted me fuera a ayudar con mi vida y mi técnica de golf, ¿por dónde empezaríamos?

—Hijo, *la vida se conforma de relaciones*. Tenemos que aprender a conocernos. Eso significa que tendremos que pasar un tiempo juntos, ¿cuándo esperas volver por aquí?

—Tan pronto pueda —dijo Pablo— de hecho, tal vez podría quedarme hasta mañana, ¿cuáles son sus planes?

Pablo no daba crédito a lo que acababa de decir. Su fuerte no eran las relaciones, pero la vergüenza que experimentó al lanzar su putter delante de Davis Love III le había ocasionado una fuerte sacudida emocional. Pensó que tal vez acercarse al Viejo Pro le daría una oportunidad de redimirse ante los ojos de Love.

Respondiendo a la pregunta de Pablo, el anciano explicó:

—A mi edad ya no me gusta levantarme al amanecer ¿qué te parece si nos encontramos en el Muni mañana a las 10 de la mañana?

—¿El Muni?, ¿qué es el Muni? —preguntó intrigado Pablo.

—Es el campo de golf municipal al otro lado del pueblo; no es tan sofisticado como este, pero sirve igual. Fue allí donde aprendí el juego del golf y el de la vida.

Tras estrechar la diestra del Viejo Pro y darle las gracias, Pablo dijo:

—Nos vemos mañana a las diez.

5

Reflexionando

*P*ablo cenó solo y meditabundo aquella noche. Algo le había impresionado en el Viejo Pro cuando le dijo que «la vida está conformada de relaciones». En su fuero interno, algo que había permanecido sepultado por mucho tiempo, estaba despertando; pero antes de que pudiera saber qué, su lado escéptico entró en acción.

¿Podré confiar en este hombre?, se preguntaba. Pablo nunca había podido contar con su padre. Nunca sabía cuál de sus facetas le iba a recibir ¿sería con quien disfrutaba jugando golf, o el ebrio abusivo que criticaba todo lo que él hacía? Siempre había estado esperando de él un mínimo elogio, pero nunca lo escuchó; su padre murió cuando más lo necesitaba.

Más adelante, durante su adolescencia, Pablo había simpatizado con el entrenador de baloncesto de su escuela; entablaron amistad e incluso le había dado nuevas lecciones de golf. Se convirtió en un ídolo para Pablo, hasta que lo abandonó. El entrenador se marchó del pueblo con una profesora de cabello lacio con la que había mantenido un romance secreto. Ni siquiera intentó despedirse de él.

Después de eso, Pablo decidió que no volvería a confiar en nadie más que en sí mismo; era mejor continuar por el sendero de la vida solo. Su deseo de ser exitoso operó desde entonces a alta velocidad; ya no era un ser humano, sino un acto humano, empeñado en destacarse en todo lo que hacía. Las relaciones se tornaron para él secundarias, incluso la que luego tendría con su hijo Jake.

Sin embargo, interiormente Pablo tenía miedo: temor de volver a lastimarse por invertir demasiado en sus relaciones; miedo de que si bajaba la guardia, la gente pudiera ver en él cosas que no quería admitir. Esto lo hacía vulnerable.

Pero el Viejo Pro parecía, de algún modo, diferente. Tal vez la vida de Pablo no estaba funcionando tan bien como debería, y su técnica de golf necesitaba alguna ayuda.

Aquella noche, mientras se disponía a acostarse, se fijó el compromiso de escribir un diario. Tal vez eso le ayudaría a estudiar todas las ideas que cruzaban su mente. Durante años muchas personas le habían hablado de las ventajas de llevar un diario, pero nunca se había decidido a hacerlo. Con su personalidad «Tipo A», si iba a escribir un diario seguramente querría hacerlo mejor que los demás. Conocía a algunos que escribían el suyo a cuatro colores. Otros le incorporaban poesía. ¿Cómo competir con ellos?

Pablo había leído hacía poco un artículo sobre este tema que sugería un formato sencillo y no competitivo. La idea consistía en escribir, al final del día, o muy temprano a la mañana siguiente, la palabra «Ayer» al inicio de la página, y comenzar felicitándose por todo lo bueno que uno hubiese hecho durante la jornada. El tipo de cosas que pueden hacernos sentir bien con nosotros mismos, porque son congruentes con lo que esperamos lograr o con lo que queremos ser en el mundo. Pablo no estaba muy seguro de qué hacer con respecto a esta última razón; la idea de quién quería ser en el mundo trascendía por ahora los límites de su pensamiento. Su única preocupación era ser el mejor.

El artículo también sugería que, después de felicitarse, se creara una sección en el diario titulada «Reorientación». Bajo este título se debía colocar aquello que se hubiera hecho durante el día y que a uno le gustaría poder volver a hacer; esas ocasiones cuando no nos agradan los resultados o las respuestas de otros.

Pablo reflexionó: *Creo que a esta sección la llamaré Mulligans, después de todo. Davis Love y el Viejo Pro aseguran que la vida y el golf tienen mucho en común.*

Y así, aquella noche, en la segunda página del diario que compró después de la cena en la tienda de regalos del hotel, Pablo escribió «Ayer» y la fecha del día que estaba por terminar. Se felicitó por saber escuchar los comentarios de Davis Love, y por haber entendido que tenía algunas cosas que aprender, tanto del golf como de la vida. También se congratuló por tomar la iniciativa de buscar a Will Dunn, hablar con él, y rehacer sus planes, a fin de tener un día extra para recibir su primera lección sobre el juego de la vida.

Cuando empezó a considerar la sección titulada Mulligans, sonrió. Pensó cuánto le habría gustado volver a jugar esos primeros nueve hoyos. *Tal vez sea cierto que no hay tales accidentes en la vida, pensó. Si no me hubiera comportado como un imbécil en los primeros nueve, no habría tenido la oportunidad de pasar el día de mañana con Will Dunn. Quizá existen razones para los acontecimientos que escapan a mi control.*

Esta era una idea nueva para Pablo, le sonaba extraña. No obstante, estaba ansioso por cultivar una relación con el Viejo Pro.

Ya en la cama, reflexionó que el día no había salido como esperaba, pero presintió que había sido el inicio de algo importante para él. Se prometió asentar en su nuevo diario, después de llenar las secciones de Felicitación y Reorientación, todas las ideas que se le ocurrieran durante la próxima jornada.

6

La fuente de autoestima

A la mañana siguiente, la recepcionista del hotel le indicó a Pablo cómo llegar al campo de golf Muni. Partió a las 8:30 de la mañana, pues quería practicar para estar listo cuando se encontrara con el Viejo Pro a las 10:00 horas. Nunca había escuchado hablar de un campo municipal llamado Muni, pero eso contribuía a la mística del anciano; mientras se aproximaba al lugar se percató de que era una instalación bien cuidada, diferente a otros campos municipales (aunque no dejaba de ser una instalación pública). Al pasar junto al campo de práctica de tiros largos, vio jugadores portando diferentes vestuarios, incluyendo pantalones de trabajo y otros tan cortos que no habrían cumplido con el largo requerido en su club privado de Atlanta.

La casa club era antigua y construida en piedra, nada del otro mundo; lo que capturó su atención cuando entró al estacionamiento fue un cartel que explicaba que aquel campo de golf había sido diseñado por Donald Ross. Pablo conocía bastante sobre la historia del golf y sabía que Donald Ross era, de todos los tiempos, uno de los grandes arquitectos especializados en esa materia; entre sus obras se contaba el famoso Pinehurst No. 2, Oakland Hills y Oak Hill, campos diseñados por él que han sido sede de muchos campeonatos nacionales a través de los años. De hecho, el también famoso Biltmore Forest Golf Club, donde se había jugado el Pro-Am un día antes, era también una de las obras maestras de Ross. Pero, ¿un campo municipal diseñada por él en Asheville, Carolina del Norte? Eso le pareció un poco extraño.

Después de estacionar su auto y tomar su equipo compró dos cubetas grandes de pelotas y se dirigió al campo de práctica; contaba con una hora antes de la cita con el Viejo Pro, así que creyó tener suficiente tiempo para vaciar las dos cubetas. Se le conocía por disparar pelotas de golf en fuego continuo, hasta que sus manos le dolían, y esa mañana no habría sido la excepción, de no ser porque cuando se dirigía a comprar más bolas vio en el portal del club, sentado en una mecedora, al viejo Willie.

Me pregunto si viaja con esa mecedora, pensó Pablo mientras recogía sus palos y se encaminaba a la casa club. Cuando el anciano le vio, sonrió y dijo:

—Deja por ahí esos palos, ahora no los vamos a usar. Ven y siéntate, hijo.

—Creía que íbamos a trabajar tanto en mi vida como en mi técnica de golf —dijo Pablo.

—Sí que lo haremos —sonrió el Viejo Pro—. Pero pronto entenderás que no siempre se necesita golpear pelotas para aprender sobre el golf.

Mientras Pablo se sentaba, el viejo se volvió hacia él y le dijo:

—Quiero ir directo al grano, hijo. Dime, ¿por qué juegas golf?

—Es una buena pregunta —dijo Pablo—, supongo que lo hago para divertirme. Por cierto, puede llamarme Pablo.

—Bien, Pablo ¿disfrutaste ayer de tu ronda?

—Pensándolo bien, no.

—¿Y por qué no? —preguntó el Viejo Pro.

—Estaba jugando muy mal, y una actuación tan mala no tuvo nada de divertido.

—¿Te das cuenta por qué te hice esa pregunta? Si disfrutar fuera una razón para jugar golf, entonces todos los juegos serían placenteros. Nunca encontré en mi vida un campo o un juego de golf que no me agradara. Para mí, mientras peor el juego, más fabuloso es

—expresó el viejo sonriendo— por eso ahora extraño jugar.

—Pero ¿nunca ha tenido un mal día en el campo?

—Desde luego que sí —respondió el Viejo Pro—, pero nunca se me ocurrió que mi puntuación en el terreno pudiera determinar quién soy. Tuve mis días malos, aprendí y me reí de ellos, pero nunca permití que un mal día me deprimiera.

—Interesante —dijo Pablo—, yo no puedo decir lo mismo.

—¿Hay alguna otra razón por la que juegas golf?

—Creo que la camaradería y la amistad son importantes.

—¿Qué sabes de los otros tres hombres con quienes jugaste ayer?

—¿Qué quiere decir?

—¿Sabes algo de sus vidas, sus familias, sus intereses?

—No sé nada de ellos.

—¿Por qué?

—Supongo que estaba demasiado concentrado en mí mismo.

—Bien —dijo el Viejo Pro—, entonces, si las relaciones son importantes para ti, necesitas el contacto con la gente ¿cierto?

Pablo sonrió.

—Usted es duro de verdad, ¿no? Sí dije que deseaba divertirme y disfrutar de una buena camaradería, pero ayer no conseguí ninguna de las dos cosas, debe ser porque lo que digo no es congruente con lo que hago, ¿cierto?

—Las pruebas se van acumulando —replicó sonriendo el Viejo Pro—, ¿hay alguna otra razón que te motive a jugar golf?

—Creo que con esta también me va a acorralar —anticipó Pablo— disfruto la belleza de los campos de golf. Sin ellos la mayoría de nuestras ciudades serían sólo cemento.

—Cuéntame ahora sobre el campo donde jugaste ayer, ¿qué tipo de árboles dominaba el paisaje?, ¿qué tipo de aves viste?

—De nuevo me atrapó —dijo Pablo—, no me di cuenta absoluta de nada. Estaba demasiado ensimismado.

—¿Qué crees que te impidió divertirte, gozar de una buena camaradería y disfrutar de la belleza del ambiente? —inquirió el anciano.

—Bueno, para ser franco, estaba tan molesto por lo mal que estaba jugando delante de Davis Love y mis compañeros de ronda que estaba demasiado estresado como para divertirme, disfrutar de la compañía de ellos y regocijarme en el campo.

—No me cabe duda de que tus intenciones eran buenas respecto a esos aspectos del deporte —dijo el Viejo Pro—, pero me temo que convertiste el golf en una competencia.

—¿Qué hay de malo en querer jugar bien y tratar de ser el mejor?

—Antes de responder a esa pregunta quiero formular otra —dijo el veterano—, ¿qué sistema de puntuación utilizas para medir el éxito tanto en tu vida como en el golf?

—Aquí vamos de nuevo —comentó Pablo—, presiento que probablemente fue por esto que Davis me sugirió que hablara con usted.

—Por lo que me dijiste ayer, creo que estás en lo correcto —respondió sonriendo el Viejo Pro—; pero, volviendo al tema, ¿de dónde provienen tus sentimientos positivos sobre ti mismo?

—Por suerte o desgracia, creo que nacen de mi rendimiento y de la opinión de los demás —concluyó Pablo—, si me desempeño bien en el trabajo o juego bien en el campo de golf, y las personas que admiro me respetan y valoran lo que hago, me siento bien conmigo mismo.

—Es interesante —observó el anciano—, permíteme hacerte otras dos preguntas complementarias: ¿tienes siempre un buen rendimiento en el trabajo y en campo de golf?

—Claro que no —replicó Pablo—, tengo mis días buenos y mis días malos como todo el mundo. Ayer fue uno muy malo.

—Entonces, si de vez en cuando tienes un día malo como todo el mundo, o incluso un mal mes, o un mal trimestre, también es probable que tu autoestima corra riesgos con frecuencia —los ojos del Viejo Pro brillaban.

—Si, es cierto —replicó Pablo— es difícil sentirse triunfador cuando la tarjeta de puntuación dice lo contrario.

—¿Cómo te ha funcionado eso de vincular tus sentimientos sobre ti mismo con la opinión de los demás? —inquirió el veterano—, ¿puedes estar seguro de siempre complacer a los demás?, ¿puedes estar siempre seguro de contar con su apoyo?

—No —admitió Pablo—, aprendí a tiempo que por más que me esforzara no podría encontrar una figura paterna, un adulto de quien pudiera esperar aprobación y apoyo: no lo fueron ni mi padre ni mi entrenador. Aunque parezca raro o patético, creo que todavía estoy buscando esa figura. Por eso quería causarle una buena impresión a Davis, pero mi juego me traicionó.

—Considerando lo que acabas de decir, ¿no crees que has puesto tu autoestima sobre terreno movedizo? —preguntó el Viejo Pro.

—Creo que tiene razón —admitió Pablo.

LA FUENTE DE AUTOESTIMA

SI TU AUTOESTIMA

DEPENDE DE TU RENDIMIENTO Y

DE LA OPINIÓN DE LOS DEMÁS

Y NINGUNA DE AMBAS

ES PREDECIBLE

ENTONCES TU AUTOESTIMA

ESTARÁ EN PELIGRO

TODOS LOS DÍAS.

—Es difícil vivir así —dijo el Viejo Pro.

—¿Tiene alguna sugerencia?

—Claro —replicó el veterano—, creo que si quieres desempeñarte bien en el golf y en la vida tienes que dejar de poner en peligro tu autoestima basándola en tu rendimiento y las opiniones de los demás. Debes enfrentar la vida y el golf desde el punto de vista de que tu valor y estima estarán seguros más allá de los ascensos y descensos de tu puntaje, o de cuántos aplausos o críticas recibas de la multitud. Conozco a muchas personas que se flagelan cuando juegan golf, y estoy seguro de que también lo hacen con su vida. La mayoría de nosotros no necesita que nadie más nos critique, porque ya lo hacemos nosotros mismos. Así que antes de ayudar a alguien a mejorar su técnica de golf, me aseguro de que sepa que un buen jugador no lo es por su puntuación, y que su vida no es una suma del rendimiento y la opinión de los demás.

—Creo saber a dónde se dirige —replicó Pablo—, usted sugiere que si mi meta principal al jugar golf es ganar, o impresionar a otros, eso hará imposible que consiga disfrutar de otros aspectos del juego. Pero si me concentro en pasar un buen rato, tratando de conocer a mis compañeros de ronda y disfrutando de la belleza del ambiente, probablemente me relajaré y jugaré mejor.

—Has entendido bien, Pablo —dijo sonriendo el Viejo Pro.

—Gracias —dijo Pablo, devolviéndole la sonrisa—, usted sugiere que si utilizo mi actual sistema de puntuación para medir una buena ronda de golf, estaré arriesgando en cada tiro mi autoestima, y además me estaré perdiendo las razones que digo tener para practicar este deporte.

—¿Acaso no tengo una evidencia viva sentada a mi lado? —dijo el veterano, sonriendo entre dientes.

—Me temo que sí —concedió Pablo—, ¿hay alguna forma de salir de esto?

—Existen dos maneras —indicó el Viejo Pro—, la primera es practicar golf con el único propósito de entretenerse, disfrutar de las personas con quienes jugamos y de la belleza a nuestro alrededor; así fue como logré que mi esposa se interesara en el golf.

—Yo nunca lo intenté —dijo Pablo, y repuso con sonrisa irónica— y si lo hubiera hecho mi matrimonio probablemente habría terminado antes.

—No, si le hubieras enseñado a tu esposa que sólo existen tres reglas para jugar golf —observó el veterano—. La primera es no lastimar a nadie con tus palos o la pelota. La segunda, no intimidar a nadie.

—¡Eso me molesta! —dijo Pablo.

—Estoy de acuerdo —asintió el Viejo Pro—, fue por eso que una de las primeras cosas que le enseñé a mi esposa fue que recogiera su bola, se la echara en el bolsillo y continuara hacia el siguiente hoyo. No tiene sentido pararse a mirar a alguien, sea hombre o mujer, mientras está temblando cerca del banderín en el hoyo número ocho o nueve.

—Estoy de acuerdo —dijo Pablo—, y ¿cuál es la tercera regla?

—No estropear el ambiente —dijo el anciano.

—Reemplaza siempre el césped de las chuletas[17] que saques. No conduzcas un carro de golf cerca de un green, ni arrastres uno de mano sobre esa área.

—Me gustan sus reglas —comentó Pablo.

—Son las mejores —acotó el Viejo Pro—, porque si las sigues puedes hacer todo lo que quieras. Alquilas el hoyo y si quieres puedes patear la bola, y si se te antoja lanzarla, pues la lanzas. Si cumples las reglas has rentado el hoyo; sólo procura no lastimar o intimidar a nadie, tampoco estropear el ambiente.

—Eso me parece un poco alocado —dijo Pablo—, no puedo imaginarme jugando así.

—Jugué así muchas veces cuando era joven —recordó el veterano—, nunca olvidaré cuando jugué con tres presidentes de compañías del noreste del país. Habían viajado a la Florida para una conferencia al inicio de la primavera, cuando todavía en el norte hacía frío. Me pidieron que jugara con ellos; acepté, pero al darme cuenta de que ninguno había jugado golf desde finales de octubre, sugerí una partida especial. Todos tendríamos derecho solamente a un tiro por hoyo.

—¿Un tiro por hoyo? —exclamó Pablo sorprendido.

—Exactamente así reaccionaron ellos —observó el anciano—, yo insistí, y tuvieron dificultades para hacerlo en los primeros hoyos. Pero entonces lo tomaron en serio y se divirtieron más decidiendo si usarían su único tiro en el green, desde una trampa de arena o desde los árboles. Al final de la ronda comentaron que nunca la habían pasado mejor.

—¡Caramba! —exclamó Pablo—, ¿y cuál es la segunda manera de asegurarse de no arriesgar su autoestima?

—La segunda es descubrir y aceptar el hecho de que tu autoestima ya está segura. No depende de cuán bien te desempeñes ni de lo que la gente piense de ti —sentenció el Viejo Pro.

—Explíquemelo mejor —solicitó Pablo.

—Déjame hacerte una pregunta personal Pablo: ¿crees en Dios?

—Espero que no se ponga religioso conmigo —reaccionó Pablo—, para nada soy religioso.

—Relájate, hijo —dijo el veterano—, no se trata de religión; estoy hablando de Dios. Voy a repetir mi pregunta: ¿crees en Dios?

—No he pensado mucho en eso, pero supongo que sí.

—Eso espero —dijo el Viejo Pro—, a mi modo de ver, no creer en Dios tiene tanto sentido como decir que el diccionario de la lengua española es resultado de una explosión en una imprenta.

—Bien, pero no veo de qué manera lo que yo crea o no de Dios pueda tener alguna relevancia para mi técnica de golf o mi autoestima.

—Pablo, quizá esta sea para ti una forma diferente de

pensar, pero déjame decirte lo que yo he llegado a creer a lo largo de los últimos cincuenta años —el anciano se volteó hacia Pablo y lo miró de frente—. El Dios al que yo adoro es un Dios de amor, no creo que Él haya hecho nada despreciable, lo cual significa que creo que nos ama incondicionalmente, a mí tanto como a ti. Como resultado, nunca podré desempeñarme lo suficientemente bien, jugar lo suficientemente bien ni hacer cualquier otra cosa lo suficientemente bien como para cambiar el amor y el valor que Dios puso en mi vida. Tengo todo el amor que necesito. Mi valor, a los ojos de Dios, nunca está en peligro. Eso no quiere decir que no cometa errores o que no existan áreas donde necesite mejorar, pero mi autoestima está firme como una roca en el amor de Dios. Presto atención a lo que hago y trato cada día de corregir mis errores y de cambiar mi conducta, pero no me flagelo. Sé que he sido perdonado y aceptado.

Incómodo, Pablo se desahogó:

—Con todo el respeto, todo eso me parece muy bien si para usted funciona, pero no estoy listo para aceptar lo que dice sin antes dedicarle mucho tiempo de reflexión.

—Tómate tu tiempo —dijo el Viejo Pro—, Dios no tiene prisa, ni tampoco yo. Sólo recuerda que Él se encuentra a una conversación de distancia.

—No para cambiar tan rápido —dijo Pablo, haciendo una pausa—. Pero ¿cuándo voy a recibir mi primera *lección de golf* y a tirar algunas pelotas?

—¡La acabas de recibir! —dijo el anciano, parpadeando—, medita sobre lo que hemos hablado y llámame la próxima vez que andes por aquí, para que podamos reunirnos de nuevo.

Cuando Pablo vio que el Viejo Pro se levantó y le extendió la mano, se dio cuenta de que la lección había terminado.

Mientras se alejaba del Muni en su auto, su mente seguía trabajando en tiempo extra. Mientras más pensaba en el breve intercambio que había tenido con el Viejo Pro, más comprendía que había recibido una gran lección, una muy difícil para alguien motivado por alcanzar la excelencia en todo como él. Pero también una que necesitaba escuchar.

Aquella tarde, en el vuelo de regreso a Atlanta, Pablo escribió en su diario:

- Si mi sistema de puntuación para jugar golf se limita a ganar y obtener de los demás una buena opinión, me perderé la esencia del juego: disfrutar del juego, hacer relaciones y disfrutar del ambiente.
- Mi autoestima no es el producto de mi rendimiento más la opinión de los demás sobre mí.
- Hay sólo tres reglas para jugar golf: no lastimar a nadie, no intimidar a nadie y no dañar el ambiente. Una vez que uno conoce estas reglas, ha rentado el hoyo.

- Dios no hizo nada despreciable. Él me ama incondicionalmente.
- Tengo un valor como persona aun cuando hay partes de mi vida que podría mejorar.
- Dios se encuentra a una conversación de distancia.

Mientras escribía el último renglón en su diario, Pablo sonrió y pensó: *Qué bueno que no estoy planeando dejar mi trabajo para dedicarme al golf; si estuviese intentando ganarme la vida como golfista profesional, probablemente mi rendimiento sería muy importante.*

Pero el Viejo Pro le había dicho que, aun cualquier profesional del golf, si se evaluaba a sí mismo cada día por su rendimiento, probablemente nunca llegaría a ser un gran jugador.

«Es necesario tener una autoestima sólida para soportar las altas y bajas del juego», había dicho el anciano.

Pablo comprendió que hasta Ben Hogan, Arnold Palmer, Jack Nicklaus y todos los grandes campeones de este deporte habían pasado por tiempos difíciles y algunos desencantos. De hecho, recordó haber leído como Hogan trató durante años de superar su «gancho» descontrolado, pero no lo logró hasta que pudo poner el juego en perspectiva.

Contemplando las nubes a través de la ventanilla del avión, Pablo reflexionó sobre algo que había escuchado decir una vez:

NUNCA LLEGAS A SER DUEÑO

DEL GOLF,

SÓLO LO TOMAS PRESTADO.

CUANDO CREES QUE LO POSEES,

NO ES ASÍ

Y CUANDO NO LO CREES,

ENTONCES LO ERES.

De regreso a la realidad

*T*odos los pensamientos positivos desaparecieron a la siguiente mañana, cuando el despertador de Pablo sonó. Tan pronto saltó de la cama, empezó a correr. Trató de comer algo mientras se aseaba, subió a su automóvil y encendió inmediatamente su teléfono celular. Su viaje de tres días a Asheville le estaba cobrando un precio: su correo electrónico estaba atiborrado; su correo de voz, repleto; su cesta de asuntos pendientes, desbordada; y todo mundo necesitaba reunirse con él.

Una atareada mañana fue seguida por una reunión a la hora del almuerzo, una tarde complicada y otra reunión a la hora de cenar. Cuando llegó a su casa a las 9:30 p.m. estaba tan agotado que ni siquiera se desvistió, se dejó caer en la cama e inmediatamente se durmió.

Cuando el despertador volvió a sonar al otro día, ya Pablo estaba en pie y corriendo. Parecía que su día sería una copia fiel del anterior; pero un artículo sobre la organización del tiempo que leyó en una revista le obligó a detenerse. Era algo que había dicho la actriz de cine Lily Tomlin:

EL PROBLEMA

DE ESTAR

INMERSO EN UNA

CARRERA DE RATAS

ES QUE,

AUN SI GANAS,

SIGUES SIENDO UNA RATA.

Repentinamente Pablo comprendió que su vida era una carrera de ratas cuya meta eran los resultados. Se había vuelto un adicto a hacer que las cosas sucedieran y a generar así una ganancia. Recordó que el Viejo Pro dijo: «La vida se conforma de relaciones», reflexionó sobre el daño que su motivación por el éxito estaría infligiendo a sus relaciones. Al menos conocía bien el que había causado a su relación con Jake, su hijo. No lo había visto en dos años; cada vez que planeaban reunirse ocurría algo. Él se sintió herido la última vez que había hablado por teléfono con su hijo y este le dijo: «Papá, ¿por qué no admites que no tienes tiempo en tu vida para un hijo? No me llames más para decirme que vienes a verme, lo creeré si algún día vienes».

Todo eso hizo que Pablo pensara en el Viejo Pro. Más que nunca, necesitaba verlo. Muy temprano a la mañana siguiente, verificó con su secretaria su agenda para ver si tenía algún tiempo libre en su calendario. Diez días después estaba volando nuevamente de Atlanta a Asheville.

8

Preparándose para jugar golf

a perspectiva de una segunda lección del Viejo Pro tenía a Pablo entusiasmado. Cuando llegó al Muni, divisó desde su auto al anciano en el portal de la antigua casa club, sentado en su mecedora y agitando su putter (al que afectuosamente llamaba «El viejo fiel»). Después de estacionarse, Pablo se encaminó hacia su nuevo maestro como si tuviera resortes en los zapatos. Dejó en el auto sus palos del golf, pues no estaba seguro de llegar a tirar algunas pelotas aquel día, pero mientras pensaba en su visita anterior eso ya no le importaba tanto.

—¿Cómo te ha ido, Pablo? —le saludó el veterano con una de sus habituales sonrisas— ¿Estás listo para tu próxima lección?

—Claro que lo estoy —respondió Pablo—. ¿Lo haremos aquí o en el campo de práctica?

—Siéntate —le indicó el veterano—, hablemos primero un rato y así tendré una mejor idea de lo que pueda ser más útil, pero ¡cuéntame! ¿Qué ha sido de ti desde la última vez que hablamos?

—Pues bien —comenzó Pablo suspirando—, me fui de aquí entusiasmado la última vez. Usted me hizo contemplar con otro par de anteojos el golf y mi vida; pero en un santiamén ya estaba de nuevo en la carrera de ratas. Cada vez que la alarma del despertador sonaba en la mañana, saltaba de la cama y echaba a correr.

—Es un término incorrecto —murmuró como para sí el Viejo Pro.

—¿De qué me habla?

—La alarma del despertador, podrían haberla nombrado el heraldo de las oportunidades, o el heraldo del gran día que va a ser hoy.

—No está mal —opinó Pablo de buen humor—, y luego dicen que programamos la mente de manera negativa.

—El problema —comenzó diciendo el Viejo Pro— es que todos tenemos dos yo: un yo interior que es reflexivo y sabe escuchar, y otro yo exterior, orientado al trabajo, que se concentra en lograr que las cosas se hagan. Ese está siempre demasiado ocupado para aprender, ¿cuál de los dos crees que se levanta primero en la mañana?

—Fácil. El orientado al trabajo —respondió Pablo—, cuando saltamos de la cama después de apagar el despertador nuestra atención se vuelve hacia todas las cosas que tendremos que hacer ese día.

—Exacto —confirmó el anciano—, y como resultado, muy pocas personas despiertan alguna vez a su yo interior; ni siquiera lo hacemos cuando estamos de vacaciones. Corremos de una actividad a otra y regresamos a casa igualmente agotados.

—Entonces, ¿cuál es la respuesta? —preguntó Pablo.

—La manera de evitar la carrera de ratas —explicó el Viejo Pro—, es honrar a tu yo interior buscando el silencio y la soledad.

—Y, ¿cómo encuentra usted tiempo para la soledad? —inquirió Pablo.

—Te recomendaría empezar tu día más despacio —dijo el veterano.

—¿Tiene eso algo que ver con mi técnica de golf?

—Por supuesto, comenzar tu día más despacio te prepara para dar de ti lo mejor, ¿cómo te preparas para jugar golf? Siempre me ha asombrado la cantidad de golfistas que apenas se toman algún tiempo para un calentamiento mental o físico antes de comenzar su ronda; a veces en el primer tee todavía están atándose los cordones de los zapatos. Algo me dice que tú te ubicas en esa categoría.

—Me declaro culpable —admitió avergonzado Pablo—, el día que jugué con Davis Love llegué justo antes de hacer la salida en el primer tee. Sólo tuve unos minutos que dediqué a practicar, y volví enseguida al primer hoyo.

—Me lo suponía —dijo sonriendo el Viejo Pro—, en un mundo ideal sería mejor dirigirse al campo de golf sin prisa y llegar una hora antes de que inicie el juego. Recuerda que:

AL DIRIGIRSE AL CAMPO

UNO NECESITA EXPERIMENTAR

UNA ESPECIE DE TRANSICIÓN,

DE LO QUE HA ESTADO HACIENDO,

A LA SIGUIENTE TAREA:

JUGAR Y DISFRUTAR

DE UNA RONDA DE GOLF.

—¿Cómo lo hacía usted cuando jugaba regularmente? —cuestionó Pablo.

—No sé si te fijaste que en el camino al Muni pasaste junto a unos hermosos paisajes campestres.

—Para ser franco con usted, ni me di cuenta —reconoció Pablo—, venía pensando en un problema que tengo en el trabajo.

—Caso cerrado —remató el Viejo Pro con una sonrisa.

—Cuando venía aquí a jugar golf escogía una música relajante en la radio del carro y me dejaba embriagar por la belleza del entorno; al llegar al campo sentía una grata sensación de relajamiento, una forma perfecta de preparar la escena para una deliciosa ronda de golf. Hoy hice exactamente lo mismo, de modo que pudiera concentrarme en ayudarte y disfrutar de nuestra reunión.

—Creo que para mí sería muy difícil sosegar mi mente de la manera que usted lo hace —consideró Pablo—, pero parece obvio que es una forma poderosa de hacerlo. Suponga que yo pudiera desarrollar una rutina de relajamiento durante mi itinerario hacia el campo y que llegara entre una hora y cuarenta y cinco minutos antes de lo previsto, ¿qué debería hacer en ese periodo?

—Primero, quedarte sentado en tu auto, relajarte y pensar en cualquier preocupación que pueda impedir que juegues bien y disfrutes de este gran juego; luego, deshacerte una por una de todas ellas.

—Sacarlas de mi mente —comentó Pablo.

—Así es —dijo el Viejo Pro—, y luego visualizarte más adelante en el día, sentado con las personas con quienes has compartido, riendo y sintiéndote bien porque te has divertido, has disfrutado de su compañía, gozado de la belleza que te rodea, y has jugado bien. Debes complacerte primero en tu actuación, y luego ir a los vestidores, cambiar de zapatos y prepararte para jugar.

—Y después, ¿me voy al campo de práctica y empiezo a largar pelotas?

—No de inmediato, debes relajarte —dijo con voz suave el anciano.

—Estaré tan relajado como un fideo en la sopa y no podré pegarle a la bola —dijo Pablo escéptico.

—Si podrás —le aseguró el Viejo Pro—, pero antes de dirigirte al campo de práctica te recomendaría hacer algunos ejercicios para estirar los músculos. Eso te permite relajarte físicamente antes de empezar a usar los palos.

—Una vez fui a una escuela de golf —relató Pablo— y me dieron un folleto con los ejercicios que nos habían enseñado. Pero como podrá imaginar, nunca los hago porque generalmente sólo tengo tiempo para practicar con los palos antes de la salida; si tengo que escoger entre estirar los músculos y tirar unas pelotas, siempre me decido por la píldora blanca.

—La mayoría actúa así —señaló el Viejo Pro—, pero a veces con una buena rutina de calentamiento no necesitas tiros de práctica.

—¿De veras?

—Como lo oyes, en Escocia, donde nació el juego de golf, hay muy pocos campos de práctica; así que uno llega, calienta los músculos y comienza su ronda. He jugado allá muchas veces y no creo que pasar por alto la práctica con las pelotas me hiciera daño, ni a mí ni a nadie.

—Entonces, ¿debo dejar de hacerlo? —preguntó Pablo.

—No he dicho eso —aclaró el veterano—, pero si practicas con las bolas, tu intención debe ser relajarte, no ponerte a trabajar en la mecánica del swing. Cuando estás a punto de empezar una ronda no es un buen momento para corregirlo; tendrás que bailar con lo que llevaste al baile.

—Demasiados golfistas quieren corregir su swing en el campo —continuó el Viejo Pro—, entre ellos algunos del máximo nivel. Si algo les sale mal y están sacando tiros largos desviados hacia la izquierda o hacia la derecha, tratan de corregirlos en medio de la ronda y las cosas empiezan a irles de mal en peor.

—¿Qué recomendaría usted?

—Corregir el problema en el tee de práctica después de la ronda o programar una lección con el mejor profesional local. Cuando estés en el campo, limítate a jugar golf; procura hacer la menor cantidad posible de intentos con el palo, al margen de si los tiros te salen rectos, torcidos o lo que sea. Haz lo necesario para meter la bola en el hoyo.

—Supongo que no debe ser muy divertido compartir una ronda con alguien que se ponga a corregir su swing en el campo —dijo Pablo riendo—, yo me cuento entre ellos. Fue lo que echó a perder mi juego con Love en el Pan-Am. Cuando me pongo a practicar mi swing en medio de una ronda todos los demás propósitos que tengo para jugar golf se malogran, salvo atender a mi puntuación.

—Hablando de eso —le interrumpió el Viejo Pro—, mientras te adaptas al ritmo del juego en el campo podría ser un buen momento para repasar por qué practicas este deporte, ¿es por diversión, camaradería, belleza o lo haces por competir? Asegúrate de no olvidar tu propósito. No importa lo que pase en el campo de golf, siempre debes priorizar tus razones para jugar; de otra manera, como tú mismo has dicho, podrías dejar que tus resultados determinen si has disfrutado de la ronda o no.

—Me siento un poco como un niño de tercer grado —confesó Pablo—, usted me remarca ese punto una y otra vez.

—Es porque quiero que lo entiendas bien… ¡Qué digo bien!, ¡perfectamente! —exclamó el anciano con una ancha sonrisa—. ¿Por qué no te vas a buscar tus palos y nos encontramos en el green de práctica? Allí podrás hacer unos cuantos chips y putts, y luego pasaremos al campo de tiros largos y veremos en detalle desde tu wedge hasta tu driver.

—Es un enfoque interesante —comentó Pablo—, por lo general termino mi práctica tirando chips y putts.

—Es lo que hace la mayoría —observó el Viejo Pro—, pero creo que es conveniente concluir la rutina de relajamiento con tu driver o cualquier otro palo que uses en la salida, pues será el primero que utilizarás en el campo.

—¿Quiere decir eso que también vamos a jugar hoy? —preguntó Pablo esperanzado.

—Sí —asintió el veterano—, te acompañaré en el carrito mientras juegas los primeros nueve hoyos.

Pablo se apresuró a su automóvil, tomó la bolsa de los palos y se encontró con el anciano en el green de prácticas. Después de unos cuantos putts y chips, se dirigieron al campo de tiros largos, donde Pablo utilizó la secuencia de palos del Viejo Pro, que concluía con el driver.

9

Fijando su propio par

iéntate en el carro —indicó el Viejo Pro.

Cuando Pablo obedeció, el viejo le enseñó la tarjeta de puntuación y le dijo:

—Como no quiero que pienses que no creo que la puntuación sea importante, ahora que estás relajado podremos revisar la tarjeta en el campo y empezar a fijar tu propio par.

—¿Mi propio par? —repitió Pablo.

—Sí —replicó el Viejo Pro—, no tiene sentido que juegues contra el par de 72 golpes de este campo a menos que seas un profesional. Pensando en ello he desarrollado un sistema de fijación de metas diseñado para ayudar a la gente a competir contra su propio par. He aquí cómo funciona: comienza con una honestidad brutal —explicó el anciano—, el par para estos primeros nueve hoyos es de 36 golpes, pero este es un campo público con buenas condiciones, y yo diría que hacer la novena inicial resulta moderadamente difícil ¿Cuál dijiste que era tu handicap?

—No creo haberlo mencionado —dijo Pablo—, pero es de 12 golpes. Demasiado bueno, a pesar de lo mal que he estado jugando últimamente.

—Ya he escuchado eso antes —dijo el veterano riéndose entre dientes—, suena como si estuvieras negociando una apuesta; desafortunadamente, yo no voy a jugar. Ahora bien, considerando que te sientes relajado, y agregando el hecho de que no crees que hayas jugado últimamente tan bien como deberías y la realidad es que nunca has jugado antes en este campo, ¿qué puntuación te gustaría reportar si estuviéramos ya en la casa club, bebiendo un vaso de té helado después de jugar nueve hoyos?

Pablo contempló la tarjeta:

—Creo que me sentiría bien si los hubiera hecho en 44.

—En relación con el par de este campo, el tuyo para estos nueve sería de ocho bogies y un par, pero tú puedes fijar tu propio par como mejor lo desees.

—¿Qué quiere decir con eso?

—Supongamos que tienes una tendencia a comenzar abajo y terminar arriba —dijo el anciano—, tal vez te convendría fijar para el primer hoyo, que tiene un par de cuatro, tu propio par, de seis. Si logras un cinco en el primero, sabiendo que tu par era de seis, representará una ventaja psicológica para poder terminar el segundo tee con un golpe menos, en lugar de uno más.

—Sería estimulante —dijo Pablo—, de modo que puedo fijar en cada hoyo mi propio par de cualquier cifra, con tal de que mi total sea igual a la suma deseada de 44.

—¡Has entendido bien! —exclamó el Viejo Pro?, supongamos que comienzas fijándote como meta 89 en los 18 hoyos. Si empezaras a tirar congruentemente por debajo de ese objetivo, la puedes reducir a 87, y comenzar de nuevo a exigirte a ti mismo. Con este sistema puedes ser muy específico y crearte una meta a cumplir, no sólo para la ronda completa, sino también para cada hoyo; una que podría ser más realista que el par designado para este campo.

—Me gusta su sistema —comentó Pablo mientras escribía un seis para el primer hoyo, de par cuatro; un cinco para los demás del mismo par; un seis para los dos agujeros de par cinco; y un tres para los dos hoyos de par tres. La puntuación total proyectada era de 44—, creo que estoy listo para empezar —anunció Pablo.

—Entonces pongamos manos a la obra —respondió el Viejo Pro conduciendo el carrito hacia el primer tee.

En el primer hoyo, una pendiente de par cuatro, Pablo pegó un buen drive, pero su segundo tiro aterrizó en una trampa de arena. Sus dos primeras conexiones desde la arena rebotaron en el borde de la trampa y regresaron a ella. A la tercera, la bola cayó finalmente en el green, y Pablo coronó con dos golpes, para anotarse un 7. Frustrado, se dirigió al carro y arrojó su wedge de arena dentro de la bolsa de los palos. Se sentó y comenzó a asentar su puntuación en la tarjeta, pero entonces intervino el Viejo Pro.

—Con este sistema no es necesario anotar la puntuación: solamente escribes cuántos tiros quedaste por encima o por debajo del par del hoyo. Así que anótate «+1» para el primer hoyo, eso quiere decir que con respecto a *tu* par hiciste un bogey.

—Entonces, como fijé mi par en 6, y obtuve un 7, ¿quiere decir que hice un bogey en lugar de un triple bogey? ¡Excelente!

—¿No te ayuda a sentirte mejor? —respondió riendo el viejo.

—Ya veo a dónde se dirige —dijo Pablo—, sencillamente tengo que sacarme ese 7 de la cabeza.

En el siguiente hoyo, un alargado par cinco, el par de Pablo era seis. Una vez más, conectó un buen drive, pero su segundo tiro cayó en terreno enyerbado y tuvo que sacarlo con un wedge. Su cuarto metrallazo pasó volando sobre el green y Pablo exclamó: «¡Cristo!», al tiempo que lanzaba el palo contra el suelo. Cuando recuperó su compostura, acercó la bola con un chip a cinco pies del hoyo, pero al tratar de embocarla falló, y acabó anotándose otro 7.

—Dos comentarios acerca de este hoyo —dijo con su eterna sonrisa el Viejo Pro—, en primer lugar, si vas a mencionar a Jesús, sería mejor que hablaras con Él *antes* de hacer el tiro, en lugar de hacerlo después, así podría ayudarte mejor.

Pablo lo escuchó y luego inquirió con expresión sumisa:

—¿Y cuál es el otro comentario?

—Que este fue otro bogey más uno —dijo el anciano, con un fulgor en los ojos.

—Así que estoy dos golpes por encima del par en los dos primeros hoyos. Supongo que es mucho mejor que estar cinco por encima.

—Desde luego que sí —confirmó el veterano—, veamos que tal te va en el próximo agujero, un par cuatro corto, donde tu par es cinco.

Con un buen drive, Pablo consiguió avanzar hasta la mitad de la calle. Con su hierro número ocho hizo picar la bola en el green y rodar hasta diez pies del banderín. Mientras subía al carro para adelantar hasta allí, sonrió y dijo:

—Espero hacer en el putt un eagle.

—Estás empezando a captarlo —le alentó el Viejo Pro.

Pablo falló el tercer tiro, pero se anotó un birdie (-1) en la tarjeta. Consiguió hacer su par tres en el siguiente hoyo y llegó con un golpe por encima del par del campo al quinto tee. Era un par cuatro de cerca de 440 yardas cuesta arriba hasta el green.

—¿Qué palo escogerías si quisieras poner la pelota en el green desde aquí? —preguntó el anciano.

—Usaría mi madera número tres —contestó Pablo.

—¿Cuáles son las probabilidades de poner la pelota en el green de este hoyo utilizando, cuesta arriba, una madera número tres?

—No muchas, probablemente —admitió Pablo.

—Déjame hacerte una pregunta: si tuvieras que escoger entre dos palos ¿escogerías un medio wedge de 30 yardas o un wedge entero de 90?

—Para ser franco —respondió Pablo—, preferiría el de 90 yardas.

—Como no hay muchas probabilidades de que llegues hasta el green con tu madera número tres, ¿por qué arriesgarse a meterse en problemas con una trampa, o un terreno enyerbado, o intentando uno de esos tiros difíciles con un medio wedge? Saca tu pitching wedge y haz un tiro de 110 yardas por el medio de esa calle de 90 —le aconsejó el Viejo Pro.

—Si yo hiciera tal cosa delante de mis compañeros de club se reirían de mí —dijo Pablo.

—Recuerda lo que aprendiste conmigo la última vez —dijo el anciano—, tu autoestima no depende de las opiniones de los demás. Si prefieres un wedge entero a un medio wedge ¿por qué no buscar tu segundo tiro donde puedas hacer ese tipo de jugada, sobre todo si tienes en cuenta que para ti este hoyo es un par cinco?

—Ya veo, este sistema de puntuación es mucho más de lo que parece —comentó Pablo.

—¡Claro que sí! —asintió el Viejo Pro— Es una estrategia dirigida a fijarse metas realistas, no sólo para cada hoyo y cada ronda, sino también para cada tiro.

Pablo sacó su pitching wedge y lo utilizó diestramente, colocando la bola donde le sería más fácil llevarla con un full wedge hacia el green; entonces, ya en vísperas de un tiro que podía hacer con confianza, se relajó y puso manos a la obra. La bola se detuvo a cinco pies del banderín y esta vez su putt entró por el centro de la cueva. No pudo aguantarse:

—¡Otro birdie! Estoy de nuevo parejo con el par.

—Buen trabajo —le animó el Viejo Pro.

En los dos hoyos siguientes Pablo apuntó *su* par, incluyendo un hermoso 3 desde la trampa de arena en el número 7, un par tres. El octavo era un par cinco curvado hacia la izquierda, con un arroyo bordeando el green.

Pablo empezó con dos buenos tiros, situándose en posición favorable para conectar un full wedge hasta el green; después que este aterrizó en la antesala, remató con dos putts. Entonces Pablo, emocionado, anotó en su tarjeta otro birdie: cinco golpes en un hoyo que para él era un par seis.

Se había colocado en la ronda un golpe por debajo del par. Cuando hizo *su* par cinco en el difícil hoyo número 9 (un par cuatro), Pablo estaba complacido al escribir un total de 43 en los nueve hoyos.

Iniciar el día despacio

Ya sentado en la casa club y bebiendo té helado, Pablo comentó sonriente:

—Si cualquier otro día hubiese comenzado una ronda con dos 7, habría seguido en el hueco y no habría despertado nunca. Traducir esas puntuaciones como dos bogies «+ 1», sin tener que anotar un 7 en la tarjeta, me ayudó mucho. Su sistema de puntuación, más sus sugerencias sobre cómo prepararse para jugar golf seguramente mejorarán mi juego. Pero… ¿y mi vida?

—Como ya te he recomendado antes, debes comenzar tu día más despacio —observó sonriendo el Viejo Pro.

—Una cosa es prepararse para jugar golf, y otra es que no sé si podré abrir espacio para algo más en mi calendario —dijo riendo Pablo.

—Conozco bien esa sensación —dijo el Viejo Pro—, pero se requiere disciplina. Déjame contarte cómo lo he hecho yo; debo admitir que no hago todos los días lo que te voy a describir. Parecerá una estupidez, pero es cierto, se llama libre albedrío en acción; presiento que todos tenemos el mismo problema: sabemos que necesitamos pasar más tiempo reflexionando en silencio, pero permitimos que otras cosas ocupen ese tiempo. Tal vez sea por eso que las mañanas son mis favoritas.

—Cuando me estoy portando bien conmigo mismo, trato de convertir ese tiempo de solaz en la primera prioridad de mi día, antes que cualquier otra cosa, como una llamada telefónica o un encuentro con un nuevo amigo como tú, tenga alguna posibilidad de interferir.

—Entonces, ¿son mejores las mañanas —preguntó Pablo.

—Eso creo —respondió el veterano—, por ejemplo, las investigaciones demuestran que los ejercicios matutinos parecen mantenerse por más tiempo como programa regular de ejercicios que los que se realizan en las tardes o por las noches.

—¿Por qué?

—Porque a medida que el día avanza aparecen cosas que interfieren con tus buenas intenciones —sentenció el Viejo Pro—, si te ocupas de tu yo interior cuando te levantas en la mañana, el resto del día no te parecerá tan ajetreado.

—Cuénteme como lo hace.

—Cuando mi día comienza bien, una de las primeras cosas que hago es sentarme en silencio y relajarme; luego comienzo a estirar los músculos para ayudar a relajar este viejo cuerpo mío. Menciono esto porque mientras estoy tratando de levantar a mi cuerpo es un momento perfecto para hablar con el Señor, Él es mi amigo y desea saber de mí.

—¿Usted ora? —preguntó Pablo sorprendido.

—Por supuesto —respondió el anciano—, pero no me gusta usar esa palabra cuando hablo con otros acerca del tiempo que paso con el Señor. Cuando uno menciona la oración, la gente quiere saber cómo se hace, y entonces hablar con el Señor se convierte más en una técnica que una conversación con un buen amigo.

—¿Es eso lo que quería decir cuando me dijo que Dios estaba a sólo una conversación de distancia?

—Exactamente —asintió sonriendo el veterano—, es fácil pensar en la oración como un suceso o una obligación, en lugar de verla como una forma de vida; es simplemente conversar con un amigo a lo largo de tu vida desde que el día empieza hasta que termina, ¿y usted considera a Dios su amigo?

—¡Pues claro! —dijo sin titubear el Viejo Pro—, no sólo es mi amigo, ¡sino mi mejor amigo! —el anciano hizo una pausa—. ¿Has hablado alguna vez con Dios?

—No… Excepto cuando algo me preocupa. Me avergüenza confesarle que sólo hablo con Dios cuándo puedo aprovechar su ayuda. Me imagino que si viera a Su Majestad como usted le ve, como un buen amigo, Él querría saber de mí más a menudo, y no sólo cuando estoy atribulado.

—Cierto —confirmó el anciano—, sé que le gustaría saber de ti con frecuencia. Las Escrituras dicen que debemos hablar con nuestro buen amigo todo el tiempo, para eso nos creó, para que camináramos con Él porque nos ama y su plan ha sido siempre que mantengamos una estrecha relación con Él. Para demostrártelo, me gustaría hacerte unas preguntas sobre tu hijo, la última vez que nos vimos me dijiste que tenías uno, pero nunca hablamos mucho de él ¿qué edad tiene?

Avergonzado por su falta de contacto con su hijo, Pablo bajó la cabeza y murmuró:

—Tiene veintidós años, no nos vemos muy a menudo.

—¿Y siempre ha sido así? —preguntó el Viejo Pro.

—Sí —admitió Pablo—, yo nunca estaba disponible para él y desde que me divorcié he estado demasiado ocupado. Como mi padre, Jake también comenzó a beber y hace unos cinco años, cuando regresaba ebrio de una fiesta provocó un grave accidente automovilístico. Uno de sus amigos sufrió heridas graves, para mí fue penoso ver a mi hijo pasar por eso, quería ayudarle, pero no sabía cómo acercármele.

—Apuesto a que si te hubiese llamado y te hubiese dicho que andaba en problemas lo habrías olvidado todo y le habrías escuchado y tratado de ayudar.

—A pesar de nuestras diferencias, todavía lo quiero; no tengo la menor duda de que lo habría hecho —afirmó Pablo.

—Con Dios sucede lo mismo —dijo el Viejo Pro—. Él siempre está disponible cuando lo necesitamos, no importa lo que hayamos hecho ni el tiempo que haya pasado desde la última vez que dialogamos con Él, pero tengo que admitir que:

TU RELACIÓN CON DIOS

MEJORA Y SE HACE

MÁS ÍNTIMA CUANDO

ANTE TUS PROBLEMAS

ÉL ES LA

PRIMER REACCIÓN,

Y NO EL ÚLTIMO RECURSO.

—Pero si decidiera hablar con Dios más a menudo, no sabría qué decir o qué hacer —objetó Pablo.

—La mayoría de las personas se preocupan demasiado por eso —replicó el Viejo Pro—, sé porque me lo dijiste antes, que nunca pudiste contar con tu padre; pero supongamos que sí pudieras, y que para ti él fuera el padre más extraordinario y amable que existe. Eso es lo que es tu Padre celestial, así que debes hablarle como a tu mejor amigo.

—¿Y de qué podría hablar con Él?

—Bueno, si no se te ocurre nada más… ¡solamente dile cuán grande es! —exclamó el anciano sonriendo—, cuéntale cualquier problema o preocupación que tengas; háblale incluso de los errores que has cometido y pídele que te perdone. Dale las gracias por todo lo que ha hecho por ti y luego pídele según tus necesidades. Sólo tienes que empezar a hablar con Él todos los días, ya encontrarás qué decirle.

—Parece muy sencillo —dijo Pablo.

—Es sencillo —corrigió el Viejo Pro—, déjame decirte otra cosa que hago en mi tiempo a solas. Siempre paso un rato en silencio, escuchando, por si el Señor desea decirme algo.

—¿Sabe?, he escuchado a algunos decir: «Dios me dijo tal cosa», y me preguntaba de qué estarían hablando; dan la impresión de que Dios les habla directamente, con voz alta y clara; yo nunca he escuchado que Dios me hable así —comentó Pablo.

—Yo tampoco —admitió el anciano—, sin embargo estoy convencido de que he escuchado la voz de Dios. Mientras trataba de averiguar cómo se comunica Él conmigo, me preguntaba: *¿Cuándo es que puedo pensar mejor? ¿Cuando pienso más claramente? ¿Será en la ducha? ¿Mientras doy un paseo? ¿Cuando estoy leyendo?* Me di cuenta de que podía pensar con más claridad cuando estoy interactuando con las personas que el Señor pone en mi camino; si toda la verdad y el conocimiento vienen de Dios, puedo concluir que es entonces cuando Él me habla. Así que siempre que conozco una persona interesante como tú, pienso: *Dios, ¿qué quieres que aprenda hoy?* Cuando estoy en silencio ante Él y le hago una pregunta como esa, mis pensamientos se dirigen a las cosas que Él quiere que yo piense; es entonces cuando resulta particularmente importante que yo preste atención.

—Yo pienso con más claridad cuando estoy leyendo —dijo Pablo—, ¿cree usted que ésa sea la manera en que Dios habla conmigo?

—Podría ser, Él se ha valido antes de la palabra escrita o hablada para hablar con sus hijos —dijo el Viejo Pro—, yo creo que Dios habla con nosotros en formas especiales y únicas. Pero si lo que esperas es una zarza en llamas, ya otros se te adelantaron.

Sin entender la referencia al arbusto ardiente, Pablo continuó:

—¿Y de qué otra forma le habla Dios a usted?

—A través de la carta de amor que me envió —contestó sonriendo el viejo—. Se le conoce mejor como la Biblia.

—Escuché decir a alguien que Biblia quiere decir: **B**enditas **I**nstrucciones **B**ásicas para **L**eer antes de **I**rse y **A**bandonar la Tierra, ¿qué opina de eso?

Él Viejo Pro rió:

—¡Me encanta!, es una forma humorística de recordar que la Biblia contiene todo tipo de buenos consejos para el arte de vivir, además de mensajes de amor del Padre a sus hijos. Recuerda, leer la Biblia es más que cumplir una tarea de lectura; es una forma de llegar a conocer y entender a Dios, y cómo desea que tú vivas en relación con Él y con otras personas. Por ejemplo, tengo cerca de mi cama una tarjeta con el Salmo 118.24; cuando leo: «Hagamos fiesta en este día, porque en un día como este Dios actuó en nuestro favor», eso me sirve para empezar mi día.

—A través de los años he leído muchos textos de inspiración —dijo Pablo—, pero para ser sincero con usted, nunca he dedicado mucho tiempo a leer la Biblia. Cada vez que lo intentaba me quedaba estancado en alguna relación de detalles que no tenían sentido.

—Tienes que volver a leerla, Pablo, si es que deseas aprender a jugar primero el juego de la vida en la forma en que lo concibió el Diseñador de el campo —dijo el viejo, sin perder la sonrisa—, ha sido por mucho tiempo un éxito editorial. Raras veces cierro mi Biblia sin haber aprendido otro pedacito de verdad sobre mi viaje por la vida.

Cambiando de tema, Pablo preguntó:

—¿Hay algo más que usted haga para empezar su día despacio?

—En un día ideal, cuando termino de estirar los músculos, de hablar con Dios, escucharle y leer Su Palabra, hago algunos ejercicios aeróbicos —reveló el Viejo Pro—. La Biblia dice que el cuerpo es el templo de Dios, y necesito portarme bien con este antiguo templo. Así que cada mañana utilizo mi hierro número 3 como bastón para dar una breve caminata con mi perro; a él le encanta que hagamos eso, y a mí también.

—¿Y si está lloviendo? —preguntó Pablo.

—De todos modos lo hago, haya sol o lluvia —aseguró el anciano—, hace mucho que aprendí que no hay mal tiempo, sino ropa inapropiada.

—Esa es buena —comentó Pablo riendo.

—Y también aprendí —repuso—, que existe una diferencia entre el interés y el compromiso.

—Explíquese mejor —le pidió Pablo.

—Cuando la gente que tiene interés en hacer ejercicio se levanta por la mañana y está lloviendo, dice: «Haré ejercicio mañana». Quien tiene un compromiso no conoce excusas, sólo resultados; así, cuando aquellos que se han comprometido a practicar deporte se levantan y está lloviendo, dicen: «Creo que voy hacer ejercicio adentro», o «Mejor me pongo un impermeable». La filosofía de las personas que tienen un compromiso consiste en cumplirlo a toda costa.

—Suena interesante —musitó Pablo— yo soy corredor. He participado en varias carreras de 10 mil metros y he estado pensando prepararme para una media maratón.

—Cuando uno hace del ejercicio parte de su manera de comenzar el día despacio debe abstenerse de tratarlo como cualquier otro juego competitivo. Me parece magnífico que compitas en carreras de 10 mil metros, pero en la mañana te convendría intentar algo que te ayude a continuar despertando tu yo interior. Un amigo mío solía salir a correr en la mañana, lo hizo durante 20 años; ahora prefiere caminar, pero me encanta estar cerca de él cuando le preguntan qué distancia hace cada día. Su respuesta es: «No tengo la menor idea», generalmente insisten: «Bueno, entonces ¿cuánto tiempo camina a diario?», y mi amigo vuelve a responder: «No lo sé. Mi caminata matutina no consiste en llegar a ninguna parte, es sólo la forma que he escogido para empezar mi día».

—Es un gran enfoque sobre los ejercicios matutinos —opinó Pablo—, ya veo lo que quiere decir. El propósito de ejercitarse por la mañana es obtener más paz interior; creo que puedo trabajar en eso.

—Termino mi mañana sentándome un rato solo, en silencio —dijo el Viejo Pro—, pongo mis manos sobre las rodillas y pienso en todas las preocupaciones que he tenido durante el día, según me vienen a la mente, se las entrego al Señor. Una vez que le he entregado la última, levanto mis manos en actitud receptiva, indicando que estoy listo para hacer Su voluntad en el transcurso del día, en compañía de mi amigo Jesús. Me imagino sentado aquí ya de noche antes de irme a la cama y sintiéndome bien por lo que hicimos juntos durante el día, por cómo me he comportado e interactuado con otros.

—Ahora entiendo por qué dice que su rutina para empezar despacio el día requiere disciplina. Tiene muchos componentes —observó Pablo.

—Sí que la requiere —confirmó el Viejo Pro—, pero tengo una adicción positiva por ella. Si la dejo de hacer un día, lo cual sucede de vez en cuando, me siento como un adicto cuando le falta la droga, como las personas que tienen adicciones negativas. Mi día no transcurre bien si no me he tomado un tiempo para reflexionar y escuchar al Señor. Hace poco leí esta cita maravillosa:

CUANDO LA NIEBLA DESCIENDE

SOBRE UN PUERTO,

LOS BARCOS PRESTAN ATENCIÓN

A LA SIRENA PARA SABER DÓNDE

ESTÁ EL PELIGRO.

EL SONIDO DE LA SIRENA

LES AYUDA A MANTENER SU RUMBO.

NOSOTROS TAMBIÉN NECESITAMOS

PRESTAR ATENCIÓN

PARA QUE NO NOS DESVIEMOS

DE NUESTRA RUTA.

—Ya comprendo —dijo Pablo—, mi viejo hábito de andar siempre de prisa por la vida me deja poco tiempo para la reflexión o para escuchar una voz mucho más sabia que la mía.

—Sí que has comprendido —dijo el Viejo Pro.

—No sé cómo agradecerle —manifestó Pablo.

—La única forma en que puedes darme las gracias es poniendo en práctica hoy mismo algo de lo que has aprendido, ¿qué tal si nos volvemos a ver dentro de un mes?

—Magnífico —respondió Pablo—, revisaré mi calendario y le llamaré cuando regrese de la oficina.

11

Aplicar lo aprendido

En su vuelo de regreso a Atlanta Pablo no lograba asimilar lo mucho que había aprendido del Viejo Pro; se le fue aclarando cuando lo escribió en su diario:

El reloj despertador debe rebautizarse como «heraldo de la oportunidad» o «heraldo de mi gran día»

Debo iniciar mi día despacio:

- Sentándome en silencio y relajado.
- Estirando los músculos.
- Sosteniendo una conversación con el Señor (en eso consiste la oración).

- Escuchando (¿cómo me habla Dios a mí?, tendré que meditar sobre eso; quizás cuando estoy leyendo).
- La Biblia es un permanente éxito editorial, ¡Compruébalo!
- El ejercicio no es una competencia.
- Terminar con un rato de silencio.
- Exponer las preocupaciones.
- Visualizarme caminando a lo largo de un día perfecto en la compañía de Dios como mi mejor amigo.

Y mientras, ¿qué sucede con el golf? Durante mi camino al campo necesito implementar alguna forma de transición para relajarme, de manera que cuando llegue al juego debo:

- Serenarme y despojarme de las preocupaciones.
- Visualizarme sintiéndome bien al final de la ronda: me divertí, disfrute de la compañía, del ambiente y jugué bien.
- Estirar los músculos.
- Hacer algunos tiros para calentar.
- Comenzar con algunos putts y chips para pasar gradualmente al drive.
- Concentrarme en jugar golf, no en mi swing: tendré que jugar con lo que he traído.

- Fijar para cada hoyo mi par, de modo que el total coincida con la puntuación que espero obtener ese día.
- Jugar para hacer mi par.

La mayor preocupación de Pablo era ahora saber si podría poner en práctica todo lo que había aprendido. «Sólo el tiempo lo dirá», masculló en voz alta.

Cuando llegó a su casa, exitosamente inició despacio cada mañana durante los primeros tres días; pero entonces se presentó una crisis laboral y empezó a correr de nuevo.

Para el sábado había programado empezar su ronda a las 10 de la mañana, se había propuesto firmemente estar en el campo a las 9, después de un viaje relajante por la campiña. Una vez en el campo de golf, pensaba continuar relajándose con algunos ejercicios, ir al green de práctica para tirar algunos chips y putts, para después dirigirse al campo de tiros largos para practicar con algunas pelotas. Una vez sereno y relajado, fijaría su par para la ronda.

Pero a las 8 en punto de aquella mañana el teléfono de Pablo timbró y sus planes se deshicieron, era una llamada de su hijo Jake, que estaba muy enojado. Le habían despedido del trabajo que obtuvo en una fábrica después de egresar de la universidad; todavía estaba pagando sus préstamos de ayuda financiera, así como considerables deudas a sus tarjetas de crédito y no sabía qué hacer. Le preguntó a Pablo si podría irse a vivir con él por un tiempo.

El padre no lo podía creer. *El Viejo Pro es un profeta*, pensó. Podía escucharle diciendo: «Apuesto que si tu hijo te llamara y te dijera que tiene problemas le escucharías y tratarías de ayudarle». *¿Por qué habré dicho que lo haría?*, se lamentó interiormente Pablo. *Esto no me conviene.* Y terminó escuchándose decir: «¿Será que no hay otra alternativa?»

—Mamá sigue atareada cuidando de Nana después de la embolia cerebral que sufrió el año pasado —dijo Jake—, así que no tengo a dónde ir.

El último recurso, pensó Pablo y suavemente le preguntó:

—¿Cuándo quieres venir?

—¿Está bien mañana?

¡Debes estar bromeando!, pensó Pablo. De repente se imaginó al anciano a su lado diciéndole: «Puedes hacerlo, tu hijo te necesita, así que no pierdas la oportunidad». Con esa imagen en mente respondió:

—Hagámoslo así: voy a llamar a mi agente de viajes para que te reserve un boleto de Nueva York a Atlanta.

Después de llamar a la agencia de viajes, Pablo decidió continuar con su plan. Llegó al campo de golf 10 minutos antes de la hora de iniciar la ronda. *No es la mejor manera de empezar un juego de golf,* pensó riendo para sí, *pero es mejor reír que llorar.*

Alcanzó a tirar algunos chips y putts; luego intentó hacer ejercicios de relajamiento, pero cuando llegó al tee de salida no estaba muy relajado que digamos. Su drive inicial cayó fuera del campo, como siempre, rehusó tomar un mulligan cuando se le ofreció y aceptó la penalidad prescrita de un tiro. El tercero lo hizo lejos del tee, y desde entonces su ronda fue cuesta abajo.

Durante las siguientes semanas, la tensión de rehacer sus lazos con su hijo Jake, sus problemas profesionales y una crisis tras otra en su propio trabajo hicieron muy difícil que Pablo pudiera poner en práctica lo que había aprendido del Viejo Pro. Para rematar, la relación con su novia terminó. La irrupción de su hijo en la relación, además de las constantes referencias a un tal «Viejo Pro» fueron demasiado para ella.

«Me siento sin esperanzas», se dijo Pablo. Pero luego, sonriendo, admitió: «No he sabido aplicar lo aprendido; ahora me vendrían bien algunos mulligans».

El mes pasó volando y antes de que pudiera darse cuenta estaba de nuevo en un avión con destino a Asheville. *No sé cómo podré enfrentarme al Viejo Pro,* pensaba. *Al final, he puesto en práctica muy poco de lo que aprendí de él.*

12

La ayuda de los mulligans

*C*uando el auto de Pablo entró en el Muni, el Viejo Pro se encontraba en su rincón habitual en el porche de la casa club, meciéndose en su sillón. Cuando Pablo lo vio, su corazón empezó a latir más rápido; se sentía feliz por volver a ver al anciano. Sólo había estado con él en tres ocasiones, pero lo sentía como un amigo entrañable y él sabía bien que no tenía amigo verdadero alguno, alguien con quien pudiera contar o incluso en quien confiar.

Mientras pensaba esas cosas, se dio cuenta de que nunca en su vida había tenido amigos. Su padre le había abandonado y su entrenador le había decepcionado; dos de los más poderosos modelos masculinos de su vida habían desertado, los dos se habían ido, dejándole solo. Desde entonces, jamás había tenido amigos. La conducta de estos dos hombres en quienes había confiado destruyeron por completo su capacidad para confiar otra vez en alguien: ni en quienes se le acercaban y ciertamente, tampoco en Dios. Le costaba imaginarse a Dios como su amigo, de la forma en que lo hacía el Viejo Pro. La mente de Pablo razonaba a una velocidad vertiginosa.

Después de estacionar su auto, tomó la bolsa con los palos por si se presentaba la oportunidad; al acercarse al Viejo Pro su cálida sonrisa le dio la bienvenida.

—¿Cómo te ha ido, hijo?

Pablo acercó una silla y se sentó a su lado.

—No tan bien como me gustaría contarle, esta vez no sólo fue mi trabajo, sino que mi hijo apareció en casa.

—¿En verdad? —preguntó interesado el anciano.

—Bueno, no exactamente —explicó Pablo—, primero llamó desde Nueva York; perdió su trabajo y pienso que necesitaba un amigo. Aún no puedo creer que pensara en mí.

—Es una excelente noticia —dijo el Viejo Pro—, en lo más profundo de nosotros siempre necesitamos y deseamos tener un amigo.

—Oiga, ¡me ha estado leyendo la mente! —reclamó Pablo; un poco avergonzado agregó en tono casual—, es difícil comprender a los muchachos, pero perder un trabajo es un golpe duro.

Pablo había mordido el anzuelo y el anciano no lo iba a dejar escapar.

—La amistad es el aspecto que toma el amor cuando lo ponemos en práctica. Es tener a alguien que se preocupe genuinamente por uno y esté a su lado contra viento y marea —dijo el veterano.

—La semana pasada me habría venido bien un amigo, con toda la tormenta que ha provocado mi hijo en mi vida —respondió Pablo.

—¿Tormenta?

—Perdí la paciencia cuando Jake se mudó conmigo —explicó Pablo—, todas esas molestias fueron demasiado para mí; para ser franco, no estaba preparado para sacrificar parte de mi libertad. Desde que llegó Jake, me ha costado trabajo comportarme con él como un verdadero padre y amigo, y le he hecho sentir que es una carga.

—¿Te has puesto a pensar alguna vez en tu padre, cómo era y qué le puede haber llevado al alcohol? —preguntó entonces el Viejo Pro.

—¡Pensar en mi padre! —respondió Pablo—, puede que le haya amado cuando estaba sobrio, pero le odio por lo que nos hizo a mamá y a mí cuando estaba ebrio. Muchas veces prometía dejar el alcohol, pero siempre rompía su promesa cuando se veía en dificultades. Lo culpo por haber muerto, por dejarnos solos, en un limbo ¡Nunca pierdo mi tiempo pensando en él!

El veterano quedó en silencio. Solamente extendió su mano y apretó la de Pablo, que abrió su corazón y perdió el control. Empezó a llorar.

—¿Qué harías si tu padre estuviese aquí ahora? —preguntó suavemente el Viejo Pro—, ¿Qué te gustaría que te dijera?

Pablo meditó un momento mientras intentaba recobrar su compostura.

—Me gustaría que me dijera: «Te quiero» o «Estoy orgulloso de ti». Sólo eso. Cuando bebía me hacía sentir que todos vivirían más felices si yo no existiera —los dientes de Pablo rechinaban—. ¡Juré que nunca le perdonaría, que nunca iba a ser como él!

—¿Y?

—Y estoy actuando como mi padre con mi propio hijo… Me odio por hacer eso.

El Viejo Pro miró directamente a los ojos de Pablo y le dijo:

—No tienes por qué permitir que tu pasado con tu padre, o lo que haya sucedido recientemente con tu hijo, determine el futuro. El pasado puede ayudar a explicar el presente, mas nunca debe ser una excusa para el porvenir. Puedes perdonar a tu padre, perdonarte a ti mismo y tener una segunda oportunidad con tu hijo.

—El perdón es el amor en acción. Dios te ha concedido un mulligan. Él andará contigo y te fortalecerá mientras tú y tu hijo aprenden a aceptarse y a darse ánimo mutuamente. Tu hijo te necesita, Pablo. Tú puedes cambiar las cosas.

Pablo encogió los hombros. Su mirada se perdió en la distancia.

Después de una pausa, el Viejo Pro dijo:

—A veces no llovizna, llueve a cántaros. Pero sé en lo profundo de mi ser que tu hijo agradece que le hayas dado una segunda oportunidad.

Ansioso por cambiar de tema, Pablo aligeró el tono y dijo sonriendo:

—Entonces, considerando la presión en mi trabajo y el hecho de tener que lidiar con mi hijo, podemos decir que el camino del infierno ha estado empedrado con buenas intenciones. Me habrían venido bien algunos mulligans en mi vida este último mes.

—Hablando de mulligans —dijo el anciano—, ¿por qué no vas y estiras un poco los músculos, luego calientas en el green de prácticas, en el campo de tiros largos y nos vemos en el primer tee en un cuarto de hora? No te preocupes por fijar tu par. Hoy vamos a jugar con un estilo diferente, y esta vez vas a completar tus 18 hoyos.

Pablo tardó un poco más en su calentamiento de lo que había planeado. Se sentía impresionado por lo que el Viejo Pro le había dicho:

LA AMISTAD

ES EL ASPECTO

QUE TOMA EL AMOR

CUANDO LO PONEMOS

EN PRÁCTICA

EL PERDÓN

ES EL

AMOR EN

ACCIÓN.

Cuando finalmente Pablo llegó al primer tee, el Viejo Pro le esperaba sentado al lado del conductor en el carro de golf.

—Me demoré un poco para comenzar mi ronda —dijo Pablo sonriendo.

—No es necesario que te disculpes —respondió con voz bondadosa el anciano—. Bien, Pablo, vas a jugar los 18 hoyos; yo te observaré y conduciré el carro. Hay una regla nueva para esta ronda: cada vez que desees tomar un mulligan, tómalo.

—Repítame eso —dijo Pablo.

—Podrás tomar un mulligan en cada tiro que desees.

—Sé que siempre estamos tomando mulligans en la vida, pero en el golf, ¿no se permiten solamente en el primer tee?

—No en el estilo que vamos a jugar hoy. No sólo puedes aprovechar un mulligan en el primer tee, puedes tomarlo en la calle de cada hoyo o cuando tires desde las trampas. Si deseas repetir un putt o un chip, puedes hacerlo. Se te concederá un mulligan en cualquier momento y en cualquier lugar. Veamos qué tal lo haces.

Pablo sonrió.

—Ese no es mi estilo, nunca acepto mulligans; pero si usted insiste, supongo que me va a gustar este juego.

En el primer tee, Pablo conectó un buen drive, pero la pelota quedó atascada en terreno enyerbado. Gritó: «¡Mulligan!» y repitió su salida, que cayó entonces en el centro mismo de la calle.

El Viejo Pro esbozó una sonrisa y le preguntó:

—¿Cuál de las dos vas a escoger?

—Fácil —contestó Pablo riendo—, la que cayó en la calle.

En su próximo turno la bola aterrizó en una trampa de arena.

—Concedámosle el viejo mulligan —dijo el anciano.

En la repetición, Pablo sacó un hermoso tiro hacia el centro del green:

—¡Sí que soy bueno!, ¿o no? Los mulligans realmente ayudan.

A medida que avanzaban en la ronda, Pablo estaba asombrado de cómo iba necesitando cada vez menos repeticiones. Hacía su swing con una fluidez y una confianza que nunca antes había experimentado.

—Entonces, ¿te gusta jugar así? —le preguntó el veterano mientras conducían en busca de otro magnífico tiro de Pablo.

—¿Qué si me gusta? ¡Me encanta! Me siento relajado y estoy disfrutándolo —respondió Pablo extasiado.

—Ese mulligan a discreción ayuda, ¿cierto?

—¡Claro que ayuda!

Cuando ya se dirigían al octavo hoyo, Pablo se volvió hacia él y confesó:

—Tengo que admitir que nunca me he divertido tanto jugando golf.

El Viejo Pro rió con agrado y dijo:

—Tu puntuación tampoco es mala; si haces el par en este tu total será de 74. ¿Has hecho alguna vez en tu vida un 74?

—Nunca he bajado de 80 —reconoció Pablo.

—Eres un buen jugador.

—No es que yo sea bueno, es el mulligan.

Una vez concluida la ronda, los dos se sentaron en el carro y el Viejo Pro ayudó a Pablo a procesar lo que recién había ocurrido.

—Es asombroso —comentó Pablo—, no sólo disfruté del juego y logré una mejor puntuación, sino que mi confianza fue creciendo gradualmente. Me di cuenta de que no estaba preocupado por la mecánica, sólo dejaba que mi swing fluyera. Pensaba más en jugar golf que en el swing y no me preocupé en absoluto por los resultados, porque siempre podía repetir el tiro si lo necesitaba. Hice más tiros de buena calidad en esta ronda que en cualquier otra de las que he jugado en mi vida.

—De acuerdo —confirmó el veterano—, contando con un mulligan de respaldo demostraste que podías lograr todos tus tiros. ¿Y si también pudieras tomar un mulligan en cualquier momento de tu vida en que lo necesitaras?

—¿Cómo podría hacerlo?

—¿Qué haces actualmente cuando cometes un error? Digamos que estás impaciente, le gritas a un compañero de trabajo o lo ignoras, o tomas una mala decisión en tus negocios ¿Qué sucede entonces?

—Me siento muy mal y me lo recrimino —admitió Pablo—. Así me sucedió mientras viajaba hacia aquí, me reprochaba no haber aplicado lo que había aprendido de usted.

—¿Te gustaría saber cómo puedes evitar sentirte mal cuando cometes un error?

—¡Claro que me gustaría!

—Vayamos a comer algo y hablaremos de eso —le instó el Viejo Pro.

—Excelente —dijo Pablo—, sólo permítame ir al vestidor para cambiarme de zapatos y déme unos minutos para escribir unas notas en mi diario. Le veré en el restaurante en diez minutos.

Sentado en un banco de los vestidores, Pablo resumió en su diario las enseñanzas y las preocupaciones de su ronda matutina:

Saber que puedo recibir un mulligan me permitió desempeñarme con más soltura y confianza. La mayor enseñanza que recibí fue saber que al contar permanentemente con un mulligan no tengo que flagelarme por mis errores, sino aprender de ellos.

Según pasaba el tiempo fui aprendiendo de mis errores y cometiendo menos. Mi confianza creció, mi rendimiento mejoró y empecé a disfrutar del juego. La gran pregunta para mí ahora es cómo aplicar a la vida esta filosofía del mulligan.

Cuando Pablo se sentó junto al Viejo Pro en el comedor, estuvieron charlando animadamente por un rato, hasta que el anciano le interrumpió: «Bien, creo que es hora de que hablemos de lo nuestro».

13

El más grande de los mulligans

—*M*e gusta su estilo —dijo Pablo—, ¿sabe? en el vestidor estuve pensando sobre lo fácil que fue disfrutar el partido de golf. Empecé a jugar mejor cuando comprendí que siempre podía hacer uso de un mulligan; me encantaría sentirme igual de aliviado en mi vida. Desde que usted me dijo, el día que nos conocimos, que la vida esta hecha de relaciones he sido más consciente de ello y me he preocupado más por mis relaciones en el trabajo, en casa, en el campo de golf, en fin, en todas partes. Sé que podría aprovechar algunos mulligans en mi vida, particularmente ahora que mi hijo está de regreso en ella, pero sigo defraudándolo.

El Viejo Pro sonrió.

—Esperaba que llegaras a ese punto, todos podemos beneficiarnos del Más Grande de los mulligans, si estamos abiertos para recibirlo y aceptarlo. —Y, ¿cuál es el Más Grande de los mulligans? —preguntó Pablo.

—Tu pregunta no debe ser cuál, sino quién —respondió el anciano—. Es entrar en una relación con Aquel que creó el concepto de una segunda oportunidad: Dios.

—Ah, no —replicó Pablo—, ya le he dicho que no soy bueno para la religión.

—Tampoco yo —admitió el Viejo Pro—, pero sí soy bueno para Dios.

—¿Cuál es la diferencia?

—Antes de que entremos en eso cuéntame dónde te encuentras ahora en tu viaje espiritual y dónde has estado antes.

Pablo se encogió de hombros.

—Es muy sencillo. No estoy en ninguna parte.

—¿Qué quieres decir con eso?

—Bueno, cuando era niño, mamá me arrastraba a la escuela dominical, pero nunca me entusiasmó mucho. Asistíamos a una congregación presbiteriana, y cuando empecé la secundaria me cambié a una metodista, sólo porque tenían un mejor equipo de baloncesto y chicas más bonitas —Pablo sonrió y continuó su historia—; fue ahí donde conocí al entrenador de básquetbol que luego nos abandonó a mí y a todos los demás cuando tuvo un romance con una de las profesoras y se marchó de la ciudad.

—Eso debe haberte dolido —observó el Viejo Pro—, has mencionado muchas veces a ese entrenador.

—Sí, me dolió —admitió Pablo— y quebrantó mi fe en Dios y en el prójimo.

—¿Por qué?

—El entrenador se hizo amigo mío y me hablaba constantemente de su fe y de la importancia de serle fiel a Dios primero, después a la familia y en tercer lugar a los amigos. De repente surgió ese romance que le rompió el corazón a su esposa, devastó a su familia y a sus amigos. Fue entonces que decidí andar solo.

—¿Te habló alguien alguna vez de Jesús?

—El entrenador lo hacía de vez en cuando, pero no imitaba mucho a Jesús con su conducta, eso me molestó. Veía a todo tipo de personas que iban a la iglesia el domingo, pero durante la semana parecían olvidar lo que habían estudiado y aprendido allí.

—¿Te defraudó la manera en que se comportaban los seguidores de Jesús? —preguntó el Viejo Pro.

—Así es, y dejé de ir a la iglesia; cuando ingresé a la universidad, importó mucho menos mi crecimiento espiritual, saqué de mi vocabulario palabras como Dios y Jesús, salvo en el campo de golf —reconoció Pablo un tanto abochornado.

—¿Regresaste a tu fe alguna vez? —inquirió el anciano.

—Cuando conocí a mi esposa, Rebecca —recordó Pablo—, cuando ella era joven asistía regularmente a una congregación y pensó que debíamos asistir a una, particularmente después de que tuvimos a Jake, al año y medio de habernos casado. Durante los primeros años de matrimonio uno trata de complacer a su esposa, así que empezamos a congregarnos cerca de casa; allí bautizaron a Jake, y nosotros asistíamos de cuando en cuando, especialmente en Navidad y Pascua.

—¿Te habló alguien alguna vez de Jesús? —preguntó de nuevo el veterano.

—No mucho. El pastor predicaba sobre Dios, pero nunca me metí realmente en las cosas de Jesús.

—Es al revés, Jesús es quien se mete en tus cosas, pero eso te lo explicaré después, ¿ayudó tu esposa en tu viaje espiritual?

—Al principio sí, pero después se desilusionó como yo.

—¿Qué sucedió? —preguntó el Viejo Pro.

—Nuestro pastor fue despedido después de una disputa política. Aprendimos de primera mano que los religiosos pueden ser oportunistas. Me agradaba, era el tipo de gente que me gusta conocer; su fe era importante para él, pero no se ocupaba de transmitirla a los demás.

—Cuando vimos toda esa politiquería en la congregación y la forma en que trataron al pastor —continuó diciendo Pablo—, Rebecca y yo nos dijimos: «Si eso es religión, pueden quedarse con ella», y le volvimos la espalda a esa institución. El pastor despedido, que era nuestro amigo, intentó convencernos para que no lo hiciéramos, aunque también se sentía decepcionado por la forma en que se habían comportado algunos hermanos. Él nos dijo: «Recuerden que la iglesia está formada por personas que pueden fallar, por eso necesitamos desarrollar una relación personal con Dios». Desafortunadamente nuestro matrimonio empezó a deshilacharse, no fuimos capaces de atender su exhortación; como usted dice, a veces no llovizna, sino que llueve a cántaros.

—Tu amigo el pastor tenía razón —señaló el Viejo Pro—, lo que ocurrió no era justificación para darle la espalda a Dios, ¿te interesaría saber más de Él, conocerle mejor?

—No creo —admitió Pablo—, me interesa más saber cómo conseguir mulligans en la vida.

—Es que Dios y los mulligans vienen juntos, porque es Él quien ofrece el Más Grande de los mulligans y la razón es que Él perdona nuestros pecados y nuestros errores. Su mulligan funciona como uno en el primer tee, no puedes comprar uno (excepto en los juegos de golf con fines caritativos) ni tomarlo por ti mismo, te lo tiene que ofrecer uno de los jugadores. Y desde el principio de los tiempos, Dios ha deseado jugar con nosotros el juego de la vida.

—Le comprendo —dijo Pablo—, pero la palabra pecado me pone de mal genio. Cuando hablo con amigos que son religiosos, una de las cosas que siempre me ha intrigado es el concepto del pecado original, ¿por qué teníamos que comenzar *mal*?, ¿por qué no podíamos empezar con la potencialidad original, y entonces ser buenos o malos según nuestros actos?

—Déjame hacerte una pregunta —dijo el Viejo Pro—: ¿crees que eres tan bueno como Dios?

—¡Claro que no! —se apresuró a responder Pablo—, Si existe un Dios, tiene que ser perfecto.

—De acuerdo, entonces démosle a Dios una puntuación de 100 y a los asesinos un 5, la Madre Teresa obtiene 95. Ahora bien: sé que atraviesas un mal momento, Pablo, pero tienes buen corazón y estás tratando de mejorar, te daré por ahora un 65. Lo impresionante de una fe genuina es que el Señor envió a su Hijo a la tierra para saldar la diferencia entre 100 y nuestra puntuación. En eso consisten la gracia y el perdón de los pecados. Este es el Más Grande de los mulligans.

—¿Por qué tenemos que llegar a 100?

—Veré si puedo explicarme —dijo el veterano—, Dios nos creó para que jugáramos en su campo, yo lo llamo «el campo donde menos se ha jugado».

—¿Por qué?

—A pesar de que es muy hermoso, como debió haberlo sido el Jardín del Edén, puede ser un campo muy difícil. Dios quiere que juguemos en Su campo, con Sus reglas, en relación con Él. Como resultado, muchos no quieren jugar en ese campo, y de ahí el nombre que le doy.

—Entonces, ¿tenemos esa alternativa?

—¡Desde luego que sí! —confirmó el anciano—, Dios no quería que fuéramos robots, así que nos regaló el libre albedrío. Como Adán y Eva, podemos escoger en la vida jugar en nuestro campo o en el Suyo; cuando Adán y Eva decidieron jugar a su manera en su propio campo, la humanidad se separó de Dios. Según reporta el Antiguo Testamento, estuvieron vagando durante años, jugando con un éxito limitado en su propio campo, y aunque Dios estaba enojado por eso, aún nos amaba y deseaba que pasáramos la eternidad en el cielo. Pero como también es un Dios de justicia, sólo lo iba a permitir si nos enmendábamos y obteníamos la máxima puntuación, un 100. Eso, por supuesto, es imposible, pues es un campo difícil, y ninguno de nosotros juega tan bien, ni siquiera Ben Hogan.

—¿Ben Hogan?

—Sí —dijo el Viejo Pro—, Ben era un viejo amigo mío. Me entristeció mucho su muerte hace unos años, era un hombre guiado por altos valores, con una intensa perseverancia y una gran ética de trabajo. Nadie deseaba tanto perfeccionar su swing como Ben, cuando ya había cumplido los ochenta continuaba practicando todos los días; poco después de su muerte leí en un periódico una entrevista con su bien amada esposa, Valerie, ella contaba que lo que más motivaba a Ben era la idea de jugar una ronda perfecta. Él no creía que fuera imposible hacer 18 birdies seguidos.

—¿Dieciocho birdies consecutivos?, ¡eso es imposible! —exclamó Pablo.

—Pero no más que tener una puntuación de 100 en una escala de 100.

—Admito que tiene razón en eso —concedió Pablo—, por cierto, me gusta ese concepto de una escala del uno al 100, es mucho mejor que llamar a alguien pecador. Además, odio las etiquetas; cuando usted llama a alguien pecador, se torna defensivo y rígido. Pero si les pregunta cómo se valorarían en una escala del uno al 100, de la imperfección a la perfección, ninguno reclamaría la calificación máxima. Tampoco creo que mi puntuación sería muy diferente de la que usted me concede, diría que estoy entre un 60 y un 70. Por supuesto que no soy perfecto, me queda un largo trecho hasta esa marca, puede preguntar a mi ex esposa, mi hijo o mis colegas en el trabajo.

—No te maltrates —le aconsejó el Viejo Pro—, como he dicho, todos distamos de ser perfectos, incluso Ben Hogan.

—No puedo creer que su meta fuera hacer 18 birdies seguidos —dijo Pablo riendo.

—Pues lo era —aseveró el anciano—, Valerie continuaba diciendo en aquella entrevista que Ben tenía un sueño recurrente; en realidad era una pesadilla en la cual había logrado 17 birdies consecutivos y estaba en el green del último hoyo, faltándole un putt de poco más de tres pies para completar su ronda perfecta. Pero siempre fallaba ese último golpe.

—Ya veo por qué dice que era una pesadilla —dijo Pablo.

—A menos que aceptes ayuda —insistió el anciano.

—¿Qué tipo de ayuda? —preguntó Pablo.

—Una relación con mi amigo Jesús.

—Aquí vamos de nuevo —dijo Pablo sonriendo—, ¿su amigo?

—Sí —asintió el Viejo Pro—, ¿recuerdas que te dije que estabas equivocado cuando comentaste que no te metías en las cosas de Jesús? Es Él quien quiere ser el *amigo* de todos. Él es quien desea conocerte.

—¿En verdad?, ¿incluso a mí?

—Por supuesto —dijo el veterano—, a muchos les desagrada el hecho de que un asesino y tú tengan iguales oportunidades de jugar en el juego de la vida que la Madre Teresa. Pero es en eso que consiste la gracia, no depende de los actos, sino de la fe. Es un regalo. Si aceptas a Jesús como tu Salvador, no importa cuál haya sido tu pasado, Él te libera de tus pecados al cubrir la diferencia entre tu puntuación y la puntuación máxima, ninguno de nosotros puede llegar a la perfección sin ayuda, ni siquiera Ben Hogan.

—No sabía que Ben Hogan fuera un importante líder espiritual —dijo Pablo en tono irónico.

—No lo fue —negó el anciano—. Escucha, Dios sabe que ninguno de nosotros, ni tú, ni yo, ni Ben Hogan puede alcanzar Su perfección. Pero Él exige una tarjeta de puntuación perfecta para que nos reunamos con Él en la eternidad, así que cuando entregues la tuya, si fallaste apenas un putt en una vida por demás perfecta, como le sucedía a Hogan en su pesadilla, no darás la talla.

—¡Pero eso no es justo! —estalló Pablo.

—Nadie ha dicho que es justo —admitió el Viejo Pro sonriendo—, recuerda que es una regla de Dios, no mía. La Biblia dice que todos tendremos que entregar una tarjeta al final de nuestro tiempo. Tendremos que rendir cuentas por la vida que hemos llevado; a la gente no le gusta escuchar esto, pero en el Buen Libro no encontrarás alternativa a esta verdad. En esa tarjeta no sólo tendrán que aparecer los 18 birdies posibles en una ronda, sino un birdie por cada hoyo que hayamos jugado en la vida.

—Eso no es posible —protestó Pablo.

—Exacto, Pablo —asintió el veterano—. Pero ¿qué tal si alguien hubiese vivido una vida perfecta, anotándose un birdie en cada hoyo jugado, y esa persona te ofreciera su propia tarjeta firmada por él? Todo lo que tendrías que hacer es testificar y esa tarjeta sería tuya, la podrías presentar el día del juicio final e irte gratis a tu nueva casa. Irías al cielo, lo que en términos de golf equivale a ser admitido en el Club de Reales y Antiguos.

—Sería un buen trato —reconoció Pablo—, un excelente regalo.

—De acuerdo —confirmó entusiasmado el anciano—, ¿sabes cuál es la diferencia entre la justicia, la misericordia y la gracia.

—No.

—Con la justicia, si cometes un crimen, recibes la condena apropiada. Con la misericordia, recibes una pena menor de la que mereces. Pero con la gracia, es otra persona la que carga tu pena —explicó el Viejo Pro—. La buena noticia es que Dios nos ha ofrecido un regalo increíble al enviar a Su Hijo Jesús para que pagara la pena que nos correspondía por no alcanzar una puntuación perfecta de 100, por no hacer un birdie en cada hoyo jugado. Dios nos ofrece en la vida el Más Grande de los mulligans. Como proclama el evangelio:

LA GRACIA NO TIENE

QUE VER CONTIGO

SINO CON EL MULLIGAN

QUE DIOS NOS HA OFRECIDO

A TRAVÉS DE SU HIJO

JESUCRISTO.

—Si yo quisiera inscribirme para aprovechar este Rey de los mulligans que otorga Dios, ¿cómo podría hacerlo?

—En realidad es muy fácil, será el acto más importante de tu vida —precisó el anciano—, lo único que tienes que hacer es una oración similar a esta:

Padre amado:

Sé que yo solo nunca alcanzaré tu puntuación máxima de 100. Gracias por enviar a tu Hijo Jesús a vivir una vida perfecta y por darme los mulligans que necesito para llegar a 100. De ahora en adelante estoy listo para andar con Él a mi lado, en una nueva dirección, y jugar en tu campo y no en el mío.

—¿Es eso lo que se tiene que decir en la iglesia o en una cruzada de Billy Graham?

La naturaleza de Pablo le llevó a provocar al Viejo Pro.

—No exactamente —fue la respuesta—, pero Dios conoce tu corazón y entenderá tus palabras. Y cuando lo haga, podrás pasar al primer tee, allí encontrarás una tarjeta de puntuación perfecta que ya ha sido firmada por Jesús; después de haberle entregado tu vida, sólo te resta testificar la tarjeta. Entonces Él tomará tu bolsa y serás completamente libre para jugar en Su campo con Jesús a tu lado, pero cada día tendrás que escoger en cuál quieres jugar: si en tu antiguo campo o en el nuevo, con Él.

—Will, usted sí que sabe cómo pintar un cuadro claro, gracias —dijo Pablo—, sin embargo, mi problema es que si me inscribiera, temo no poder cumplir mi compromiso.

El Viejo Pro sacó de su bolsillo trasero una tarjeta de puntuación y tomó un lápiz, escribió en la tarjeta las palabras «compromiso» y «cumplir», después hizo una cruz sobre cada una. —Dios sabe que no podrás cumplir tu compromiso —dijo—, por eso es que necesitas que te regale un mulligan, ¿recuerdas cómo tuviste que recurrir a varios mulligans al principio de tu ronda, cuando tenías permiso para tomar uno cada vez que quisieras? Todavía seguías cometiendo errores. Así será tu vida después de que ores y hagas tu salida en el primer tee de Su campo.

—En otras palabras, ¿continuaré cometiéndolos? —preguntó Pablo.

—Sin duda —aseguró el Viejo Pro—, pero recuerda: a medida que avanzabas en tu ronda ibas necesitando menos mulligans.

—Lo recuerdo —dijo Pablo—, me sentía relajado y me dejaba llevar por la corriente del juego.

—Lo mismo ocurrirá con tu vida a medida que desarrolles una relación más firme con Jesús, su presencia te ayudará a relajarte y a mantener tu juego sin que necesites que te conceda tan a menudo el mulligan de su perdón.

El Viejo Pro dio vuelta a la tarjeta y escribió en el reverso: *Acepta y recibe, porque la gracia es un regalo que se te hace.*

—Ahora lo entiendo todo —exclamó Pablo—, necesito un caddie para el juego de mi vida, del mismo modo que lo necesito para jugar golf. No obstante, apuesto a que todavía tendré que fijar mi hora de salida, estar allí a tiempo, listo para jugar y enterrar el tee en el suelo.

—Has entendido bien —asintió el veterano—, cuando te presentas para jugar en el campo de Dios, Jesús te está esperando en el primer tee, listo para tomar tu bolsa y servirte de guía en el campo diseñado por su Padre, aquel en el que menos se juega. Tendrás que enterrar el tee y dar tu primer golpe, pero no te preocupes, Jesús estará caminando a tu lado y estará a tu disposición en cada uno de tus tiros; te ha dado Su campo para que juegues, *pero los tiros tendrás que hacerlos tú.* Él no puede jugar por ti, aunque esté disponible para apoyarte y aconsejarte. Por tanto, antes de cada tiro, o cada decisión que tomes, consúltala con Él, para trazar la estrategia.

—¡Caramba! —exclamó Pablo, francamente impresionado—, eso sería como tener siempre a mi lado un amigo como usted sirviéndome de caddie.

—Así es —confirmó el Viejo Pro.

—No se ven actualmente muchos caddies en los campos de golf, ¿cierto?.

—Cierto —suspiró el anciano—, en su origen, el golf fue concebido para ser jugado por un equipo de dos: el jugador y su caddie, este conocía el campo, así como los puntos fuertes y débiles del jugador; conocía su alcance según utilizara los diferentes palos. En ese tiempo se hacían muchos tiros a ciegas, era responsabilidad del caddie indicarle al jugador hacia dónde debía apuntar y tirar; él tenía que confiar en su caddie, en su visión general del juego. Trabajaban en equipo.

—Durante el Pro-Am con Davis Love, ignoré a mi caddie desde el primer hoyo —dijo Pablo sonriendo.

—Me lo puedo imaginar —comentó el Viejo Pro—, y lo más triste es que era el mejor caddie de este campo.

—Entonces usted sugiere que el golf no fue creado para jugarlo solitario, y que tampoco lo fue la vida —reflexionó Pablo.

—Exacto —insistió el veterano—, el caddie trabajaba con el jugador como un asesor, al perderse eso, no es raro que el handicap del golfista promedio en Estados Unidos ¡haya aumentado en lugar de disminuir en los últimos 20 años! Esos carritos eléctricos han arruinado el concepto original del juego, me entristece ver como hoy en día los golfistas juegan solos; después que el conductor te deja en el hoyo, quedas solo, debes prepararte y tirar sin ayuda alguna. Ya puedes ver cuánto nos hemos alejado del excelente diseño original del golf.

—Como también del diseño original del juego de la vida —comentó Pablo.

—Creo que estás captando la idea —dijo sonriendo el Viejo Pro— ¿Estás listo para inscribirte, aceptar y recibir a tu compañero de equipo?

—He escuchado lo que me ha dicho y pienso que tiene más sentido que cualquier otra cosa que haya oído decir antes acerca de una relación con Dios —admitió Pablo—, pero no sé si estoy listo para inscribirme.

—Presentía que no lo estabas —replicó el anciano—, algunos dicen que seguir a Jesús y las instrucciones que Él da a sus discípulos es cosa de flojos, pero eso no es verdad. La prueba más difícil de la propia autoestima es inclinar la cabeza y decir: «Padre amado, no soy capaz de lograr 100 puntos sin ti, si no estás a mi lado no seré nunca capaz de apuntarme una ronda perfecta». Nuestro ego no es capaz de admitir eso o de ceder el control.

—Continúe —requirió Pablo.

—El primer pecado no consistió en matar, cometer adulterio ni alguno de los demás actos que consideramos pecado. El primero fue (y todavía es) el deseo de ser nuestro propio Dios, de controlar nuestras vidas, de estar a cargo de ellas.

—Eso lo he visto muchas veces —comentó Pablo.

—No te preocupes —dijo el Viejo Pro—, tendremos otras lecciones. Pero la mayor que deseo dejarte hoy es que tienes la oportunidad de obtener en tu vida el Más Grande de los mulligans: alguien que te perdonará todos los tiros erráticos, que te perdonará por tus errores, por tus transgresiones.

Pablo bajó la cabeza meditabundo.

—Recuerda que el perdón es el amor en acción —continuó diciendo el anciano—, Dios te ama incondicionalmente y sabe que no puedes mantener una relación perfecta con Jesús. Todo lo que Jesús quiere de ti es que le busques, en las buenas y en las malas; como prometió al final del libro de Mateo, Él estará con nosotros hasta el fin de los tiempos. En otras palabras, su ayuda está a sólo una conversación de distancia. Nos veremos próximamente, pero si de aquí a entonces te sientes listo para tomar tu salida en el campo de Dios, llámame.

—Será el primero en saberlo —respondió Pablo, con una sonrisa.

El tiro desde el primer tee

D surante el vuelo de regreso a Atlanta, Pablo estuvo pensando en todo lo que el Viejo Pro le había enseñado acerca de los mulligans y la relación con Jesús. Repasó muchas veces las anotaciones en su diario:

- *Ninguno de nosotros puede llegar a 100; sólo Dios es perfecto.*
- *Dios requiere una ronda perfecta pero ninguno de nosotros puede lograr esa puntuación.*
- *Él envío a su Hijo Jesús para que jugara la ronda perfecta por nosotros: 18 birdies. Jesús firmó la tarjeta; sólo tenemos que testificar y podremos entregarla como nuestra ronda perfecta: en eso consisten la gracia y el perdón.*

🏌 *Dios otorga el Más Grande de los mulligans, y puede ser nuestro a través de una relación personal con Jesús. Él nos da cada día una segunda oportunidad desde el primer tee hasta el último hoyo.*

🏌 *El campo de Dios no fue diseñado para flojos. Una de las pruebas más difíciles de la autoestima es inclinar la cabeza y admitir ante Él que no podemos manejarlo todo nosotros mismos. Necesitamos ayuda, necesitamos a Jesús como nuestro amigo y nuestro caddie.*

Por primera vez, la fe en Dios tenía sentido para Pablo. Sin embargo, no estaba listo para inclinar su cabeza, pararse delante del tee y aceptar el Más Grande de los mulligans, aun después de dos visitas más al Viejo Pro.

Lo que le gustaba del anciano era que no le presionaba, era sólo un amigo dispuesto a caminar a su lado y escucharle, sin juzgarle. Con sus actos, el veterano le había enseñado una de sus verdades: *La amistad es el aspecto que toma el amor cuando entra en acción.*

Mientras más tiempo pasaba con el Viejo Pro, mejor comprendía Pablo que Jesús deseaba ser ese tipo de amigo para todos nosotros. *¿Por qué me siento tan renuente a admitir que podría aprovechar la ayuda de un amigo como Jesús?*, pensaba Pablo. *Ya no tendría que llevar mi bolsa ni arrastrar un carrito.*

Cada vez que se había reunido con el Viejo Pro, había aprendido algo nuevo. Un día le había dicho:

—Creo que al final de la vida tomaremos un examen de dos preguntas, la primera será: ¿Qué has hecho tú por Jesús?

—¿Qué quiere decir con eso? —preguntó Pablo.

—¿Creíste en él?, ¿creíste que Jesús vino a la tierra para jugar la ronda perfecta por nosotros?, ¿crees que entregó su vida por nosotros para el perdón de nuestros pecados y para cubrir la diferencia entre nosotros y la puntuación máxima, de modo que no muriéramos, sino que viviéramos eternamente? Todo esto tiene que ver con la fe.

—He aprendido de usted que podemos ganarnos la entrada al cielo —dijo Pablo—. ¿Y cuál sería la segunda pregunta de ese examen final?

—¿Qué hiciste con tu vida? Esta tiene que ver con tus obras, con bajar el cielo a la tierra, y en esto también nuestro amigo Jesús representa una gran ayuda.

—¿De qué manera?

—Cuando dijo que estaría con nosotros hasta el fin de los tiempos se estaba comprometiendo a ser nuestro caddie de por vida. Él está dispuesto a conducirnos por la calle del campo donde menos se juega, y equiparnos para que juguemos mejor de lo que haríamos solos.

—Es en ese punto donde entra en acción el mulligan ¿cierto? —preguntó Pablo.

—Por supuesto —asintió el Viejo Pro.

—¿Cuántos mulligans podría tomar? —inquirió de nuevo Pablo.

—La Biblia dice que 70 veces siete; en otras palabras, un número ilimitado de ellos ¿Recuerdas que fácil te resultaba jugar sabiendo que siempre podrías tomar un mulligan? Como ya te he dicho en varias ocasiones, lo mismo sucede en la vida.

Cada vez qué Pablo se reunía con el anciano, este le ofrecía nuevos argumentos a favor de sostener una relación personal con Jesús, sin embargo continuaba arrastrando los pies.

—No te maltrates —le había dicho el Viejo Pro en una de sus visitas—, ten paciencia: ocurrirá cuando tenga que ocurrir.

Una vez más, su amigo tenía razón. Ocurrió, pero no antes de un año. Pablo enfrentaba un problema de selección de ejecutivos; siempre se había visto a sí mismo más como líder visionario, capaz de ofrecer orientación, que como alguien interesado en, o capaz de, administrar operaciones diarias. Como resultado, había estado buscando un presidente y director de operaciones que se hiciera cargo del funcionamiento cotidiano de la empresa.

Aunque el ejecutivo a quien había nombrado poseía un amplio conocimiento del negocio y muchas de las habilidades necesarias, en relación con Pablo, tenía diferente escala de valores respecto a las operaciones; sobre todo después que Pablo comenzó a reunirse con su amigo, el Viejo Pro y a aprender de él.

Anteriormente, Pablo había sido el tipo de administrador que delegaba funciones en un miembro de su equipo y le daba total libertad, mientras no cometiera un error. Cuando eso sucedía, caía en picada sobre él o ella como las gaviotas que ven un pez en el agua, haciendo un ruido infernal, aplastando a la persona y luego retirándose.

Durante una de sus visitas el Viejo Pro le había convencido de que esa no era una buena forma de dirigir a los demás o conducirse en el juego de golf.

—En el campo de golf muchos no se dan palmaditas en la espalda ni se alaban a sí mismos por una buena jugada, sólo reaccionan cuando cometen un error —había dicho el anciano.

—En el trabajo tratamos igual a nuestros colegas. La única forma que tienen de saber si están haciendo un buen trabajo es que nadie les haya gritado recientemente. Aprenden pronto que no tener noticias es una buena noticia.

—¿Cómo superaría usted esa tendencia?

—Es necesario establecer una escala de metas y valores operativos —explicó el Viejo Pro—. Luego te das una vuelta y ves si puedes sorprender a alguien haciendo algo bien, para acentuar lo positivo.

Así, Pablo comprendió por fin la naturaleza de sus deficiencias previas. Incluso dejó sorprendido al anciano cuando él, el hombre tipo A-1, siempre esforzándose por ser el mejor y el de más rendimiento, decidió establecer una escala de valores operativos en su compañía priorizando como número uno la *integridad*, seguida por las *relaciones*, el *éxito* y la *capacidad de aprendizaje*. Will convenció a Pablo para establecer ese escalafón, pues como él decía: «En la vida hay que priorizar valores, y a veces no se pueden escoger dos al mismo tiempo».

El ejecutivo a quien Pablo había nombrado presidente y director de operaciones priorizaba, en su escala de valores, el éxito y para ello deseaba hacer de la compañía un negocio lucrativo. Para él la integridad y las relaciones eran valores de poco peso. Como no era receptivo a las críticas, la capacidad de aprendizaje tampoco era una prioridad importante para él; en consecuencia, estaba perjudicando al personal de la empresa, algo que no le agradaba al nuevo Pablo.

Una noche, el nuevo Pablo tomó por fin su salida con el Señor. Se dirigía en su automóvil a reunirse con Jake (sí, ¡con Jake!) para pedirle consejo y apoyo respecto de este problema de la empresa. Pablo y su hijo habían atravesado algunos momentos espinosos al principio, cuando Jake se mudó a Atlanta, pero después de su conversación con el Viejo Pro acerca de las ventajas de darse una segunda oportunidad (un mulligan) con su hijo, se esforzó por establecer una buena relación con él; incluso se atrevió a compartirle sus experiencias con su padre alcóholico, el abuelo a quien Jake no llegó a conocer.

Confiarle a su hijo sus propias vulnerabilidades inició un proceso de sanidad entre ambos. Pablo había madurado lo suficiente para agradecer las ideas de Jake, y este había conseguido un buen trabajo con otra compañía, en control de calidad; Pablo lo consideraba muy hábil para su edad y estaba orgulloso de él. Pablo estaba proporcionándole de manera cada vez más natural los consejos, el amor y el estímulo que tanto había anhelado él mismo; de hecho, planeaba cenar con Jake esa noche.

Durante el camino Pablo se percató de que ya le dolía la cabeza de tanto pensar acerca del problema con su jefe de operaciones, entonces, de repente, lo obvio se le reveló como un relámpago: *¿Por qué estaba tratando de resolver este rompecabezas solo?* Como había sentenciado el Viejo Pro: «La ayuda está a sólo una conversación de distancia».

En aquel momento, Pablo se dirigió al Señor y le dijo: «Señor, no puedo inclinar plenamente mi cabeza ahora, porque estoy manejando, pero tampoco puedo resolver este problema por mí mismo. Mi puntuación no llega a 100, estoy listo para jugar en el campo que has preparado para mí, pero necesito ayuda: acepto a tu

Hijo Jesús como mi Salvador, Señor, Maestro, Amigo, mi Caddie de por vida, y el puente entre tú y yo».

En el momento en que tomó esa decisión y pronunció esas palabras, Pablo pudo sentir cómo una energía positiva atravesaba su cuerpo. Cuando entró al restaurante, su hijo le aguardaba en una mesa, le miró y le dijo:

—¿Qué te pasa?, te ves diferente.

Cuando Pablo le informó la decisión que acababa de tomar, Jake se alegró por su padre, pero estaba escéptico respecto a iniciar una relación personal con Jesús, así que le preguntó:

—Papá, ¿cómo crees que esto hará un cambio en tu vida?

A Pablo se le secó la boca, extendió su mano sobre la mesa para tomar la de Jake y le dijo: —Quiero comenzar pidiéndote que me perdones, odiaba a mi padre porque me abandonó y luego hice lo mismo contigo. Ese ha sido un lastre con el que he vivido en mi corazón desde que el Viejo Pro captó mi atención y me hizo reconsiderar mi vida, ¿podré compensarte alguna vez por eso? Yo te quiero, Jake, y quisiera haber sido mejor padre para ti todos estos años.

En ese momento, Jake empezó a llorar, lo inimaginable estaba ocurriendo: Pablo, el hombre tipo A-1, apretaba la mano de su hijo, y los dos lloraban juntos

Cuando se repusieron de su quebranto, Jake le dijo:

—Papá, lo que acabas de decir y hacer vale más que cualquier sermón que yo haya escuchado.

—Jake, estar aquí contigo ahora es exactamente donde necesito estar —repuso Pablo—, sé que me falta un gran trecho por recorrer y no puedo pensar en una forma mejor de comenzar este nuevo viaje en la vida que compartir contigo. Gracias por darle a tu viejo una segunda oportunidad, los dos tenemos mucho que recuperar —luego, ya más sereno, Pablo continuó—; alguien me dijo hace poco que el próximo gran movimiento evangélico se basará en la demostración. Si quieres que alguien se interese en el Señor, tu conducta tendrá que cambiar.

—Yo también lo creo —dijo Jake—, por cierto, hablando de demostraciones ¿qué piensas hacer con ese ejecutivo?

—Mañana pienso hablar con él, con condescendencia, pero también con firmeza —insistió Pablo—. Estoy convencido de que ahora Jesús es mi Caddie, y lo que tenga que ser, será.

Esa noche cuando Pablo llegó a su casa, dejó un mensaje en la contestadora del Viejo Pro: «¡Por fin lo hice!, ¡le pedí a Jesús que fuera mi Caddie el resto de mi vida! Tenemos que hablar, necesito nuevas estrategias para tener en mi vida cada día el Más Grande de los mulligans».

Antes de irse a dormir, Pablo sacó su diario. Se sentía muy entusiasmado cuando escribió:

¡Lo hice! ¡Me inscribí para recibir el Más Grande de los mulligans: Jesús! Pero ahora que estoy en el primer tee, ¿cómo empezaré a jugar en este nuevo campo con Él acompañándome como Caddie? Estoy impaciente por hablar con el Viejo Pro.

Cuando se sentó a hablar al día siguiente con su gerente de operaciones, ambos lo hicieron con mucha franqueza. Pablo le hizo saber cómo le gustaba que se hicieran las cosas, y elogió su trabajo, luego le detalló lo que quería que cambiara y le dio nuevas instrucciones. Al final, su subalterno le dijo:

—Aprecio su honestidad, pero realmente no sé si podré estar a la altura de sus expectativas; estoy acostumbrado a ser tajante, del mismo modo que lo era usted. No me importa si la gente me aprecia o si yo los aprecio a ellos, eso me tiene sin cuidado, espero que el personal cumpla con lo que se le exige y no estoy aquí para pasarles la mano. ¿No cree que es mejor que renuncie antes de que usted me despida?

Los dos rieron, y entonces Pablo le dijo:

—Me parece justo, quiero que sepas que estarás en tu cargo hasta que encuentres otra oportunidad.

15

Jugando en el campo donde menos se juega

*P*ablo se sentía impaciente por volver a visitar al Viejo Pro para compartir personalmente con él la decisión que había tomado por fin para acceder al primer tee. Era una perspectiva totalmente nueva de la vida y le entusiasmaba la idea de escuchar lo que el anciano diría acerca de cómo avanzar y jugar en el nuevo campo extendido ante él.

Durante el vuelo de ida, reflexionó otra vez acerca de la increíble bendición que había sido Will Dunn para su vida, cómo le había revelado una nueva forma de ver las cosas y una fuerza interior para vivir la vida como sabía que se debía vivir. No veía la hora de bajarse del avión y conducir hasta el Muni tan rápido como fuera posible.

Como en ocasiones anteriores, mientras se encaminaba hacia el estacionamiento pudo distinguir la figura del Viejo Pro sentado pacientemente en su mecedora. Al acercarse a él sentía que el corazón le latía con fuerza, sin proponérselo, el anciano se había convertido en el padre que Pablo nunca conoció y en alguien con quien ansiaba estar. Cuando sus ojos se encontraron, lágrimas de alegría manaron de los ojos de ambos. El Viejo Pro se levantó y abrazó a su joven aprendiz, un acto sencillo que Pablo no olvidaría jamás. Las palabras sobraban, el abrazo lo decía todo. Como el llanto que compartiera con su hijo la noche que le entregó su vida al Señor, Pablo había anhelado toda su vida un abrazo como este: cálido, lleno de amor y aceptación; significaba mucho para él y no deseaba que terminara.

Por fin los dos se sentaron, el veterano se volvió hacia él y le dijo:

—Me siento muy feliz de que hayas tomado esta decisión trascendental de hacer tu salida en el campo de Dios con Él a tu lado.

—¿Dónde iremos a partir de aquí en mi vida y en el golf? —preguntó Pablo impaciente.

—¿Así que todavía te interesa el golf? —exclamó riendo el Viejo Pro. Entonces se incorporó, tomó su putter, el «Viejo Fiel», y dijo—: Sígueme.

Pablo fue tras él mientras el anciano bajaba las gradas, caminaron hasta un punto situado a la izquierda de la casa club, más allá del green de prácticas hasta el décimo hoyo. Este era un largo par cuatro que serpenteaba a través de sendas hileras de altos robles y pinos, jugar este hoyo es casi como entrar en una catedral, es un lugar sereno y majestuoso.

Luego de detenerse frente al tee, el Viejo Pro empuñó su Viejo Fiel y señalando con él en la misma dirección de la calle le preguntó a Pablo:

—¿Qué ves ahí?

—Sólo veo árboles enormes y problemas de todo tipo —respondió Pablo—, si la pelota pega en esos árboles de la derecha, no tendré forma de llevarla de nuevo a la calle; en cambio, si saco un gancho a la izquierda, me meteré en la cárcel. Desde allí no hay tiro posible hacia el green.

—No es así como debes ver este hoyo —le indicó el viejo—. Existe otra forma de contemplarlo, como también existe otra forma de ver tu vida.

—¿En verdad?

—Claro —asintió el Viejo Pro—. ¿Sabías que la mente y las computadoras tienen una cosa en común? Ni una ni otra conocen la diferencia entre la verdad y lo que se les dice. Si programas información en una computadora, ella nunca te dirá: «¿De dónde la sacaste?, tus cifras son incorrectas». Y la mente funciona de la misma manera, si al levantarte esta mañana te miraste en el espejo y te dijiste: «Te ves fabuloso», tu mente no te rebatirá diciéndote: «¿Acaso bromeas? Te conozco muy bien».

—Apuesto a que no lo haría —dijo Pablo riendo.

—Entonces, si la mente no reconoce la diferencia entre la verdad y lo que tú le digas ¿qué sería mejor?: ¿Programar tu mente con pensamientos positivos o negativos?

—Positivos, obviamente.

—Muy bien, entonces ¿qué sería mejor en este hoyo?, ¿pensar en conectar un hermoso drive hacia el centro de la calle, o en meter la pelota de gancho entre los árboles de la izquierda?

—Usted me sugiere que ni siquiera piense en el bosque —concluyó Pablo triunfante.

—Definitivamente —sentenció el Viejo Pro—, tampoco pienses en el resultado.

—¿Tampoco debo pensar en el resultado?

—No lo creo —negó el veterano con una sugerente sonrisa—, algunos de los mejores golfistas aficionados con quienes he trabajado desarrollaron una actitud de desapego por los resultados. Eso no quiere decir que no les interese hacer buenos tiros o lograr un buen acumulado, pero tampoco desean convertirse en su puntuación. Ellos no son cada uno de sus tiros. Y como resultado juegan más relajados y pueden hacer su swing con libertad, libres de todo temor. Cuando te apegas a los resultados, acabas por temerles y en ese proceso empiezas a programar tu mente con pensamientos negativos; empiezas a decir: «¡Cuidado, no vayas a tirar hacia el agua!», o «¡Apunta bien, no sea que la saques de los límites!» Como la mente no conoce la diferencia entre la verdad y lo que le decimos, no es capaz de comprender el significado de la palabra «No», así, cuando te dices: «No le vayas a pegar a los árboles», lo que la mente realmente escucha es: «Pégales». En lugar de eso, uno debe concentrarse en el punto adonde quiere dirigir la pelota, en este caso es al centro de la calle, jamás en los lugares a donde no la quiere enviar, es decir, los árboles. Cuando te concentras en algo positivo y piensas en un objetivo o en una meta, sin preocuparte por los resultados, tu rendimiento mejora.

—Una vez —intervino Pablo— escuché en una convención a un orador que le decía al público: «Nunca piensen en elefantes rosados. Hagan lo que hagan, no piensen en elefantes rosados»; entonces les preguntaba: «¿En que están pensando ahora?» y los asistentes contestaban a coro: «En elefantes rosados».

—¡Elefantes rosados! —repitió el Viejo Pro—, es un perfecto ejemplo de lo que te estoy explicando.

—Y si empiezo a pensar en los árboles, ¿qué debo hacer?

—Aplazar tu tiro. Y empezar a imaginártelos como amigos que extienden sus brazos para señalarte la calle. Ellos le dan definición al hoyo.

—Parece interesante —opinó Pablo.

—Cuando puedas ver el campo de golf desde esta perspectiva podrás empezar a construir en tu mente imágenes positivas en lugar de reacciones negativas —anticipó el Viejo Pro. —Como ya he sugerido, la mente no puede diferenciar una imagen negativa de una positiva. Solamente ve la imagen y trata de dirigir tu cuerpo hacia el objetivo.

—Y lo mismo sucede en la vida ¿cierto? —preguntó Pablo.

—Exacto —confirmó el viejo—, cuando estableces relaciones difíciles con personas o circunstancias, necesitas verlas como amigos, no como enemigos. Ellos son solamente una forma que tiene Dios de ayudarte a concentrar tu atención en la dirección correcta. Cuando Jack Nicklaus estaba en el apogeo de su carrera, era uno de los más grandes generales en el campo de golf en lo que respecta a estrategia y concentración, antes de hacer su tiro, Jack se paraba detrás de la pelota y contemplaba la calle delante de él con su mente en forma estratégica y concentrado en el tiro. Él le llamaba a esto «ir al cine».

—¿Qué quería decir?

—Él se imaginaba en un cine observándose mientras hacia el tiro, y dirigiéndolo exactamente como lo había concebido —explicó el Viejo Pro—, luego, mientras practicaba su swing se imaginaba haciendo ese mismo tiro; entonces se aproximaba, se alineaba con su objetivo inmediato y lo hacía volar tal como lo había concebido en su mente.

—Supongo que hacía lo mismo en cada tiro.

—Puedes apostar que sí —respondió el anciano—. Se cuenta una historia acerca de Jack, cuando estaba por hacer un tiro estratégico en un torneo importante, sucedió hace años, cuando le instalaban un micrófono a los jugadores para captar cualquier conversación entre ellos y ocasionalmente escuchar lo que se decían a sí mismos para darse aliento. Después de «ir al cine», Jack se aproximó desde atrás para hacer su tiro y mientras empezaba a levantar el palo, un avión voló sobre su cabeza; la distracción le obligó a detenerse y por debajo de su respiración se le escuchó decir: «Ese había salido muy bien». Como ves, ya había ejecutado el tiro en su mente, sólo le faltaba hacer los movimientos.

—Entonces, en este hoyo, los árboles ni siquiera serían parte de su imagen mental.

—De ningún modo —dijo el Viejo Pro y continuó con una sonrisa—. Pablo, debes aprender a hacer tus tiros, y también a vivir tu vida de esta forma. En el golf, primero te concentras en dónde quieres que vaya la pelota, y luego en el tiro que quieres hacer. Antes de pensar en el palo que vas a usar, tu mente debe enfocarse en el tiro que deseas hacer y cómo lo vas a ejecutar; entonces vas a tu bolsa y sacas el club que te llevará estratégicamente a la posición deseada. El paso siguiente es practicar siempre el swing en la dirección que te has fijado. Eso te ayuda a imprimirlo en tu mente y aumenta tus posibilidades de lograr el tiro que has planeado.

—Me parece excelente —dijo Pablo—, me gustaría hacerlo de ahora en adelante cada vez que me toque tirar.

—Es una buena idea —le alentó el Viejo Pro—. He aquí una forma sencilla de recordarlo: la llamamos «ver, sentir, confiar». Cualquier tiro que te propongas debes visualizarlo antes en tu mente, practicar el swing para sentirlo con tu cuerpo y finalmente proceder a ejecutarlo confiando con todo tu corazón en que saldrá bien; es simple como un 1, 2, 3.

—Veamos ahora cómo funciona —dijo Pablo mientras sacaba el driver de su bolsa. Se aproximó al tee, pero se quedó detrás planeando su tiro.

—Ahora debes «ir al cine» —puntualizó el veterano—. ¿Te puedes ver haciendo ese tiro hacia el centro de la calle?

—Perfectamente —dijo Pablo.

—Puedes pasar entonces a practicar tu swing para sentir el tiro, sin prisa, tómate tu tiempo para permitir que tus músculos se pongan en contacto con lo que ve tu mente.

—Ya lo tengo.

—Muy bien, Pablo, entonces coloca ahora la bola, prepárate, y llévala hasta el centro de la calle. Aquí es donde entra en escena la confianza.

Pablo clavó la pelota en el centro de la calle.

—¡Así se hace, hijo! —exclamó el Viejo Pro, haciendo con el puño un gesto de aprobación—. ¡Ya lo tienes!

—Es fácil de entender en el golf, ¿y en la vida? —preguntó Pablo—, ¿cómo se aplica este concepto?

—Todo se reduce a comenzar tu día despacio —expuso el Viejo Pro—, al contemplar tu día, te concentras en lo que quieres lograr, no en los obstáculos que pueden interponerse en tu camino. Puedes imaginarte sentado en tu cama sonriendo esa noche, porque has tenido un día muy productivo; luego, cuando el día se presenta y encuentras algunos obstáculos, como árboles a tu derecha o charcos a tu izquierda, puedes volverte a concentrar en el plan que previamente has contemplado. Debes ver estos obstáculos como marcas que te guían en la dirección deseada.

—Empiezo a darme cuenta —dijo Pablo.

—¡Magnífico! —respondió el anciano—, y recuerda que ahora tienes en tu vida un buen amigo y un Caddie en Jesús, para discutir con Él tus planes a lo largo del camino. Él sólo quiere de ti tu atención y tu amistad porque, Pablo, esa amistad va a transformar tu vida. Depende de nosotros el ver la vida como una aventura, del mismo modo que apreciamos una nueva aventura en cada hoyo del golf: jugar tiro por tiro, planeando y ejecutando cada uno lo mejor que podamos, con ayuda de Él. Nosotros simplemente confiamos en la imagen que hemos construido juntos y dejamos que el resto fluya.

—Me parece provechoso que esto se pueda aplicar también a la vida, no sólo en el golf —comentó Pablo.

—Por eso me gusta tanto Proverbios 3.5-6: «Pon tu confianza en Dios y no en lo mucho que sabes. Toma en cuenta a Dios en todas tus acciones, y él te ayudará en todo». Confía en Jesús, tu Caddie —le alentó el Viejo Pro—. Recuerda siempre que Él es tu amigo y desea caminar contigo mientras juegas en el difícil campo de Su padre, aquel donde menos se juega. Él está listo para ayudarte a evitar que te concentres en obstáculos y puntos conflictivos, a fin de que puedas jugar como se debe.

—Gracias —dijo Pablo—, lo que hemos estado hablando va a liberar tanto mi técnica de golf como mi vida.

En el avión de regreso a Atlanta, Pablo le agradeció a Dios el espléndido regalo que había recibido de Él en la persona del Viejo Pro. Reflexionó sobre el entusiasmo que le proporcionaban la nueva vida y la nueva perspectiva que había comenzado a experimentar. Se dio cuenta de que estaba siendo transformado, no sólo por la amistad del Viejo Pro sino, lo que era más importante, por un deseo interior de conocer y compartir más de su vida con este *Amigo* del veterano. Se pudo ver mentalmente hablando con Jesús como con un amigo, caddie y hermano. Fue este diálogo interno con Jesús el que cambió su vida. La preocupación por el alto rendimiento había dejado de gobernarlo, simplemente se deleitaba en ser leal a su fiel amigo Jesús, que siempre estaba disponible para él y preocupado sinceramente por su bienestar.

Pablo también se sorprendió cuando descubrió cómo amaba a su propio hijo de un modo que nunca había experimentado; empezó a comprender que necesitaba tener con Jake el mismo tipo de amistad que había experimentado cerca del Viejo Pro y de su nuevo Amigo; así empezó a animarle para que tratara de ser él mismo y buscara el éxito en sus propios términos. Pablo no quería presionarle del modo en que se había exigido a sí mismo, y Jake pareció crecer gracias a ese tipo de amor y apoyo incondicional; su carrera profesional empezó a prosperar, ascendió del puesto de control de calidad a la de director de producción. En el proceso, Pablo se convirtió en su punto de apoyo y su mejor consejero; mientras más tiempo pasaba dándole ánimo a su hijo, Pablo empezaba a entender de una forma más profunda la importancia de su relación con el Padre del cielo como el Padre que nunca tuvo. Al principio tuvo miedo, pero pudo encontrar una fuerza interior que sólo podía atribuir a su nueva fe, este dramático cambio se produjo debido a una transparente relación entre Pablo y su hijo, una que nunca había experimentado antes. Mientras más se abría con Jake, arriesgando todo lo que era, mayor respeto recibía de él, y lo más importante, más estrechos se hacían los lazos entre padre e hijo.

Su vida estaba cambiando radicalmente, y no porque tratara de controlar o rendir el máximo. Sencillamente, por primera vez en su vida estaba *viviendo*, y viviendo una vida que Dios había diseñado para él. Su corazón estaba siendo alimentado de libertad, y sólo podía dar las gracias al Viejo Pro y a Davis Love III por ese regalo, el Más Grande de los mulligans.

16

La llamada telefónica

*E*n los años posteriores Pablo se mantuvo en contacto con el Viejo Pro. Su amigo le brindó una ayuda inapreciable al proporcionarle estrategias para establecer en su vida cotidiana al Más Grande de los mulligans, el anciano se convirtió en el amigo que Pablo nunca había tenido, así como en un padre. Cada vez que viajaba a Asheville para verlo era un tiempo de regocijo, hablaban de corazón a corazón acerca de la vida, del hijo de Pablo, de su nuevo amigo Jesús, y claro, también de golf. En cuanto a su técnica deportiva, aunque nunca alcanzó un handicap de menos de 10, sin duda disfrutó mucho más del juego, de la compañía y desarrolló la capacidad de apreciar la belleza a su alrededor. Su puntuación jamás volvió a ejercer sobre Pablo el mismo poder que cuando conoció al Viejo Pro.

Un día de principios de la primavera Pablo sintió una urgencia especial de hablar con el anciano, le telefoneó varias veces, pero no hubo respuesta. Como si no fuera ya demasiado extraño, tampoco su contestadora estaba encendida. Aun cuando el veterano no se encontraba en casa, Pablo siempre disfrutaba escuchando su mensaje:

La vida es una ocasión muy especial, espero que no te la pierdas. Lamento no estar aquí para tomar tu llamada, déjame un mensaje amistoso y que mi Dios te bendiga hoy. Y recuerda: Dios te ama, y también yo.

Pablo nunca le preguntó al Viejo Pro dónde vivía, ni anotó su dirección, siempre se habían comunicado en otro lugar, o a través del teléfono.

Por fin, después de numerosos intentos por hablar con él, Pablo investigó en la compañía telefónica si había algún problema con la línea.

Quedó perplejo cuando la operadora le dijo:

—Ese número no ha estado activo desde hace cinco años.

—No puede ser —insistió.

—Hemos estado hablando a través de esa línea durante varios años.

—¿Desea hablar con mi supervisora? —dijo la operadora en tono indiferente.

—Sí, claro —solicitó Pablo.

No sólo habló con la supervisora, sino con el supervisor de la supervisora y toda una cadena de mando… todo fue en vano.

«¡Bien hecho Will Dunn!»

Al día siguiente Pablo canceló todas sus reuniones y tomó el breve, y ya familiar, vuelo hacia Asheville. Mientras conducía en dirección al Muni, en pos del Viejo Pro, reflexionaba sobre los últimos años y todo lo que había significado para él no sólo en relación con su vida, sino también con su familia y hasta con su técnica de golf.

Por fin llegó al Muni, pero esta vez no encontró a su amigo en el lugar que acostumbraba estar.

Cuando les preguntó al encargado y a otros miembros del personal de apoyo que trabajaban en el campo por su paradero, le miraron extrañados. A pesar de que trató de detallarles su descripción, ellos decían no conocer a nadie así.

¿Qué está pasando aquí?, se preguntaba. Fue hasta el área de los jugadores profesionales, donde también preguntó por el Viejo Pro, un joven ayudante le dijo: «Realmente no lo conozco; pero hace poco un anciano estuvo por aquí y me dejó una tarjeta de puntuación, me pidió que se la entregara a un caballero llamado Pablo en caso de que pasara por aquí y preguntara por él, ¿es usted?»

El corazón de Pablo se detuvo mientras contestaba que sí, él era.

Cuando abrió la tarjeta encontró la respuesta a todas sus preguntas. Era una ronda perfecta, con birdies en cada hoyo. La tarjeta estaba firmada por Jesús, atestiguada por Will Dunn.

El Viejo Pro había dejado su tarjeta con una sencilla nota: «Pablo, amigo, te veré en la Casa Club de los Reales y Antiguos; por fin recibí mi "¡Will Dunn!"».

Mientras salía del área de profesionales apretando en sus manos la tarjeta del veterano, en la mente de Pablo había dos ideas: Primero, él sabía que el Viejo Pro existía. *Al menos existía para mí y sé que también existía para Davis Love III*, pensó. Segundo, Pablo sonrió al contemplar la posibilidad de que el Viejo Pro fuera realmente un ángel. Sonreía porque siempre había pensado que Will era de cierta manera un híbrido de George Burns en la película *Oh, Dios!* y Clarence, el ángel que salvó a Jimmy Stewart en *Es una vida maravillosa*.

Mientras se alejaba en su auto del Muni, reflexionó sobre lo que el Viejo Pro le había dicho en su primer encuentro: «Me gustaría pensar que quizás al final de mi vida les escucharé decir "¡Will Dunn!" (Bien hecho)». Aunque entonces Pablo no había entendido al anciano, ahora estaba claro, recordó vívidamente como después que él hubo recibido al Señor el Viejo Pro le había hablado con entusiasmo de la posibilidad de ver a Jesús cara a cara al final de su vida y escuchar de él estas palabras: «Bien hecho, buen siervo y fiel».

También pensó en el pasaje bíblico de 2 Timoteo 4.7, que había memorizado, porque era un reflejo de la vida de su viejo amigo dentro y fuera del campo de golf. Le gustaba porque había sido escrito por Pablo en el Nuevo Testamento: «He luchado por obedecer a Dios en todo, y lo he logrado; he llegado a la meta, pues en ningún momento dejé de confiar y obedecer a Dios» ¡Qué tributo tan hermoso al Viejo Pro, a quien tanto le debía Pablo!

Cuando pasó junto al Biltmore Forest Country Club camino al aeropuerto, decidió entrar y pasar unos minutos en el lugar donde se había producido su primer encuentro con el Viejo Pro (gracias a Davis Love III), se acercó al porche y a la mecedora donde se encontraba sentado aquel día su futuro amigo, tuvo la impresión de que él aún estaba allí meciéndose. Eso le hizo evocar dulces recuerdos de aquella primera cita. ¡Qué viaje tan increíble habían hecho juntos en los últimos años gracias a aquella ocasión extraordinaria!

Pablo se sentó en el sillón del anciano y comenzó a mecerse, se regocijó en la belleza del campo de golf que se extendía frente a él, con su césped verde y sus árboles buscando el cielo. Hasta que conoció al Viejo Pro, nunca había sido capaz de apreciar de ese modo la belleza y la paz de la creación de Dios.

Apenas puedo creer, pensó, *que una de las rondas de golf más desastrosas que he jugado en mi vida pudiera convertirse en una de las más provechosas. El consejo más importante que he recibido de un golfista profesional me lo dio aquel día Davis Love III, y sin embargo, nunca mencionó mi swing. Además, el regreso de mi hijo a mi vida me permitió ser para él el padre que mi propio padre nunca fue para mí.*

Aquel día su propósito había sido establecer una relación con Davis Love para mejorar su técnica de golf. En lugar de ello, Davis le había remitido al Viejo Pro, dejando implícito que Pablo tenía un problema mucho mayor que su técnica de golf; lo que recibió no fue precisamente lo que esperaba, sino todo lo que necesitaba.

En el tiempo que él y el Viejo Pro pasaron juntos, Pablo aceptó el regalo del Más Grande de los mulligans, que Dios ofrece a todos sus hijos, y también el de darse una segunda oportunidad en la vida de su propio Hijo.

La vida está llena de mulligans, pensó Pablo sonriendo. *Antes detestaba esa palabra, pero ahora, en mi vocabulario, es de las que tienen el más dulce sonido.*

Epílogo

Cuando Wally Armstrong y yo nos conocimos, inmediatamente nos hicimos amigos y almas gemelas, pues compartíamos dos cosas en común. En primer lugar los dos amábamos el golf, habíamos practicado y disfrutado este juego desde que empezamos a caminar. No hubo ronda alguna de golf que nos desagradara, los dos encontrábamos fabuloso un partido por más desastroso que fuera. En segundo lugar, los dos amamos a Jesús, no como alguien que está atrapado en una iglesia, sino como nuestro amigo y Salvador, que desea andar con nosotros tanto en el campo de golf como fuera de él.

Segundas oportunidades reúne estos dos amores en una forma muy especial.

Mi misión en la vida es ser un maestro amoroso y

un ejemplo de las sencillas verdades que nos han ayuda-
do a mí y a otros a despertar a la presencia de Dios en
nuestras vidas; tengo una mente simple, que sólo com-
prende verdades igualmente sencillas. Cuando encuen-
tro una de ellas, deseo compartirla con otros; por ello,
cuando Wally me dijo que Jesús es el Más Grande de los
mulligans de todos los tiempos quedé estupefacto. Era
la verdad más sencilla y poderosa que había escuchado
en mi vida: todos necesitamos algunos mulligans, no
sólo en el campo de golf sino también en nuestras vidas,
porque después de todo, ninguno es perfecto.

Mi mente empezó entonces a volar con todo tipo de
pensamientos acerca del poder de un mulligan. Primero,
no es algo que uno merezca o pueda ganarse; otra perso-
na nos lo tiene que conceder, uno no puede repetir un
tiro en el golf sólo porque quiera. Los demás jugadores
tienen que sugerirnos: «¿Por qué no tomas un mulli-
gan?» En segundo lugar, uno tiene que estar dispuesto a
recibirlo, en ocasiones el ego de una persona se interpo-
ne y rehúsa tomarlo: «No, olvídelo. Jugaré desde donde
cayó». No es fácil recibir un mulligan; sin embargo, si
fuéramos lo bastante humildes para aceptarlo, empeza-
ríamos a desarrollar nuestro verdadero potencial.

Wally y yo pasamos medio día juntos, uno sentado
al lado del otro, en Calloway Gardens, Georgia, duran-
te la primavera de 2004 y grabamos nuestra conversa-
ción acerca de escribir *Segundas oportunidades*, pero en

julio de ese año, cuando empecé a escribir en mi cabaña de Skaneateles Lake, Nueva York, el libro terminó escribiéndome a mí; era el Señor, que fluía a través de mí. El manuscrito estuvo terminado en diez días, desde entonces ha sido compartido muchas veces, creando en cada ocasión una nueva amistad. Cualquiera de estos días, alguien, en algún lugar está aprendiendo a jugar GOLF, «Primero el Juego de la Vida», en el campo donde menos se juega, con Jesús como guía y compañero.

Espero que a través de este libro usted haya aprendido que tenemos en Él un amigo, listo para perdonarnos y concedernos un mulligan, y no dejará de amarnos si cometemos un error. Mientras más caminemos con Él y permitamos que su amor se manifieste en nosotros, menos mulligans vamos a necesitar y más pronto empezaremos a vivir una vida mejor, del modo que lo hizo Pablo, porque no queremos defraudarle a Él ni a nosotros mismos. No creo que Pablo lo haya podido aprender solo, necesitó a Willie Dunn.

¿Ha tenido usted en su vida algún Viejo Pro, algún mentor sabio que le haya acogido bajo sus alas? Eso fue para mí Norman Vincent Peale. Le conocí a sus 86 años, cuando comenzamos a trabajar juntos en nuestro libro *The Power of Ethical Management* (William Morrow, 1988). Él me empujaba de manera suave, pero insistente hacia una relación con Jesús. Me decía: «Ken, el Señor siempre te ha tenido en su equipo, sólo que todavía no te has puesto el uniforme». Esas palabras se convirtieron en su llamado para hacerme comprender que Dios estaba esperándome para concederme el Más Grande de los mulligans de todos los tiempos.

Si usted desea saber más sobre cómo iniciar este viaje, o quiere compartir *Segundas oportunidades* con otras personas o asociarse con otros que piensen como usted en su región, puede contactarnos en **www.themulligan.org**.

En cualquier punto que se encuentre de su viaje espiritual, encontrará en nuestra página web algunas palabras sabias del Viejo Pro que le harán reflexionar, así como información sobre cómo obtener más ejemplares del libro y otros recursos del Viejo Pro.

Si le interesa leer mi libro *Un líder como Jesús: Lecciones del mejor modelo a seguir del liderazgo de todos los tiempos* (Grupo Nelson, 2006), o conocer la labor de mi ministerio con relación al liderazgo, puede visitar **www.LeadLikeJesus.com**.

Me gustó mucho *Segundas oportunidades,* espero que no sólo le ayude a mejorar su técnica de golf, sino también a cambiar su vida. Gracias Wally, por permitirme caminar junto a ti y junto a nuestro amigo Jesús mientras trabajábamos en este libro ¡Qué gran bendición ha sido!

—*Ken Blanchard*
Julio 2006

Reconocimientos

La realización de un libro va mucho más allá de la concepción original de sus autores. Mentores como el Viejo Pro llegan a nuestras vidas constantemente para servirnos de guías en nuestro viaje. Wally ya mencionó en el prólogo a **Duke Dupree** y **Harvey Penick** como personas que influyeron en su vida, **Davis Love, Jr.** también tuvo una influencia positiva significativa en nosotros dos y seríamos injustos si no reconociéramos a un puñado de personas cuyas ideas, apoyo entusiasta y estímulo ayudaron a bendecir *Segundas oportunidades.*

Wally Armstrong desea expresar su reconocimiento a:

Jim Hiskey y **Doug Coe** por mantener mi atención constantemente enfocada en la sencillez del evangelio: Jesús, Jesús, Jesús.

Owen Matthews, **Jack Smith**, **Bill Stephens** y **Ander Crenshaw** por demostrarme a través de los años que la vida verdaderamente se conforma de relaciones.

Steve Deihm y **Dave Robie** por su asesoría y su amistad, por liberarme para escribir y enseñar.

Jack Keesling, el doctor **Joe Miller** y el entrenador **Conrad Rehling**, por ser para mí como el Viejo Pro e impactar significativamente mi vida cuando era un joven golfista.

Al McDonald por ser mi mentor y por compartir conmigo grandes parcelas de la sabiduría de un escritor.

Joe Girzone, escritor de la serie literaria «Joshua», por su inspiración para utilizar parábolas y enseñar creativamente acerca del MAESTRO.

Tim Philpot por su profundo amor por Dios y por el concepto original de un mulligan en el golf y en la vida.

Brent Sapp por su amistad y ayuda en el desarrollo del personaje del Viejo Pro.

Doctor David Cook por enseñarme los principios mentales del golf: «ver, sentir, confiar».

Mi madre, **Lois**, por su amor y su aliento a través de los años.

Ken Blanchard desea expresar su reconocimiento a:

Chuck Hogan y **Lynn Marriott**, por lo que me enseñaron acerca de la diferencia entre practicar golf y jugar a hacer swing, así como la importancia de la concentración tanto en el golf como en la vida.

Bill Hybels por enseñarme a crear un diario personalizado y a comprender que no puedo cumplir sin ayuda mi compromiso con Dios. Debo aceptar y recibir Su gracia por fe, no por mis obras.

Robert S. McGee en su libro *The Search for Significance*, por enseñarme que nuestra autoestima no está en función de nuestro rendimiento ni de la opinión de otros.

James Dodson, en su libro *Final Rounds*, por ayudarme a comprender que en golf no es necesario estar al pendiente del resultado.

Norman Vincent Peale por lo que me enseñó acerca del poder de pensar positivamente en todos los aspectos de nuestras vidas.

Jim Ballard por compartir la necesidad que todos tenemos de iniciar nuestro día despacio.

Henry Blackaby por sus experiencias acerca de cómo Dios nos habla en una forma singular.

Bob Buford por enseñarme acerca del examen final y de cómo Jesús cubre la diferencia entre nosotros y la puntuación máxima de 100. ¡Qué manera tan maravillosa de enseñar qué es la Gracia!

Bob Toski, mi coautor en el artículo para *Golf Digest* «The One Minute Golfer», así como a **Tom Wischmeyer**, **John Darling**, **Dave Emerick** y todos los grandes maestros de la Universidad del Golf, por todo lo que me enseñaron acerca de este maravilloso juego.

Keith Jackson, el gran alero de la NFL por enseñarme que las iniciales en inglés de «Biblia» significan Instrucciones Básicas Antes de Abandonar la Tierra.

Art Turock por enseñarme la diferencia entre el interés y el compromiso.

Michael O'Connor por enseñarme cuán importante es para una organización contar con una escala de valores.

Tony Robbins por enseñarme lo que tienen en común el cerebro humano y una computadora.

John Ortberg por hacerme ver lo absurdo del término «reloj despertador».

Wally y *Ken* desean expresar su reconocimiento a:

David Moberg, Primer vicepresidente y editor de W Publishing Group, por creer en nosotros y en *Segundas oportunidades* y por ayudarnos a lograr que se hiciera realidad; a **Thom Chittom**, nuestro editor ejecutivo, por su paciencia y dedicación para producir el mejor manuscrito posible; a **Lori Lynch**, por su maravilloso diseño gráfico, y por sus constantes esfuerzos para asegurar que todos nuestros cambios aparecieran en la versión final; y a **Chris Tobias** por su creativa cubierta y por su flexibilidad para escuchar e integrar nuestras sugerencias.

Bob Jewell por captar nuestra visión de *Segundas oportunidades* y estar dispuesto a organizar e implementar una estrategia para hacerlo realidad a través de «Recursos del Viejo Pro».

Phil Hodges por todo su aliento, su retroalimentación y su ayuda durante la redacción de este libro.

Phyllis Hendry y todo el personal de *Lead Like Jesus*, por orar por nosotros y darnos aliento.

Kevin Small por sus comentarios sobre el libro, su trabajo en el contrato y todas sus ideas creativas de mercadeo.

Richard Andrews por toda su ayuda en nuestro contrato y por hacer de este libro una realidad.

Nancy Jordan por llevar todas nuestras ideas al papel, por su amor, dedicación y aliento.

Anna Espino, **Dottie Hamilt**, **Martha Lawrence** y todas las buenas personas de Ken Blanchard Companies que han sido tan pacientes y cooperativos con nosotros a través de este proyecto.

Debbie Armstrong y **Margie Blanchard**, nuestras esposas, por su amor, paciencia e inspiración para empujarnos a escribir *Segundas oportunidades.*

Y finalmente, a **Jesús** por hacer todo esto posible. A ti sean todo el honor y la gloria. Amén.

Glosario

Ace: Hoyo en un solo golpe.

Agujero: Tiene un diámetro de 108 mm y un mínimo de 100 mm de profundidad.

Albatros: Cuando embocamos la bola con tres golpes menos del par del hoyo.

Approach: Golpe corto para aproximarse al green. Se realiza normalmente con los palos wedges.

Banderín: es un indicador con o sin tela u otro material incorporado, centrada en el hoyo para indicar su posición.

Backspin: Es un efecto de retroceso que se imprime a la bola. Una vez que la bola bota sobre el terreno, regresa en sentido opuesto a la trayectoria del golpe.

Backswing: Es la parte inicial del swing en la que se realiza un movimiento de subida del palo.

Bando: es un jugador, o dos o más jugadores que son compañeros.

Barras: Son las marcas que se colocan en los tees, sirven para señalizar las zonas de salida. Las blancas y amarillas son para los hombres y las rojas y azules para mujeres y niños.

Birdie: Cuando se emboca la bola con un golpe menos del par de ese hoyo.

Bola embocada: Una bola está embocada cuando está dentro del agujero.

Bola provisional: Segunda jugada desde el mismo sitio cuando la primera se cree perdida o fuera del límite.

Bogey: Cuando se emboca la bola con un golpe más del par de ese hoyo.

Bunker (o trampa): Obstáculo en el que el césped o el terreno han sido sustituidos, generalmente, por arena o algún material similar. Una bola está en bunker cuando reposa ahí, o bien, cuando cualquier parte de ella toca el bunker.

Caddie: Es quien lleva los palos de un jugador durante el partido, incluso le puede ayudar en la toma de decisiones.

Caída: es la inclinación que tiene el terreno, se utiliza básicamente en el green para analizar los cambios de nivel que presenta.

Calle (fairway): Es la zona del recorrido de cada hoyo, desde el tee de salida hasta el comienzo del green, donde el césped está más cortado. Es por donde deberían jugarse los golpes.

Campo: Toda la zona en la que está permitido el juego.

Chip: Es un tiro de aproximación bajo y corto golpeado, para que la bola ruede hacia el hoyo.

Chuleta (divot): Trozo de césped que se arranca con la cabeza del palo al golpear la bola.

Corbata: Cuando la bola coge el borde del hoyo y lo rodea sin entrar en él.

Dada: Es la bola que ha quedado tan cerca del agujero que el contrario considera que el pat es infalible y no lo hace jugar.

Doble bogey: Cuando se emboca la bola con dos golpes más del par del de ese hoyo.

Dog leg: Cuando un hoyo no es recto sino que gira (a derecha o a izquierda).

Dormie: En el match-play quien ha conseguido una ventaja de hoyos ganados igual al número de hoyos que quedan por jugar hasta el 18, por lo que ya no puede perder.

Draw: Es el efecto por el cual la bola sale directa hacia el objetivo, pero en la última parte de su recorrido gira levemente hacia la izquierda (en diestros) o hacia la derecha (en zurdos).

Drive: golpe largo.

Driver: Es el palo con el que se alcanza mayor distancia: la madera uno. Este palo tiene la varilla más larga de todos y su cabeza tiene mayor tamaño y muy poco loft.

Drop: Es cuando se repone la bola que se va fuera de límites (O.B.), o al agua; la reposición se debe hacer en el terreno marcado para que se dropee, el dropeo se hace dejando caer la bola a la altura del hombro.

Eagle: Cuando se emboca la bola con dos golpes menos del par de ese hoyo.

Estacas: Indican los obstáculos según el recorrido: blancas, fuera de límites; azules, terreno en reparación; rojas, agua lateral; amarillas, agua frontal.

Explosión: Golpe para salir de un bunker. Exige, para salir, golpear en la arena mucho más que en la propia bola.

Fade: Es el efecto por el cual la bola sale directa hacia el objetivo, pero en la última parte de su recorrido gira levemente hacia la derecha.

Fairway (calle): Es la zona del recorrido de cada hoyo, desde el tee de salida, hasta el comienzo del green, donde el césped está más cortado, que es por donde deberían jugarse los golpes.

Finish: Final del swing, después de golpear la bola.

Finnegan: Es más que mulligan porque, además de repetir el golpe de salida, se puede escoger cualquiera de los dos.

Follow through: Es la parte del swing posterior al impacto con la bola.

Fore: Grito para advertir a los jugadores de que pueden ser golpeados por una bola en juego.

Foursome: Fórmula de juego por parejas en la que cada equipo juega una sola bola, con salidas y golpes alternos, habitual para campeonatos.

Fuera de límites (out of bound): Terreno donde el juego está prohibido. El O.B. se sanciona con un golpe de castigo.

Gimne: Putt tan corto que en match-play es inadmisible conceder.

Golpe: Movimiento del palo hacia la bola para golpearla y moverla. Si un jugador detiene voluntariamente la bajada del palo antes de alcanzar la bola se considera que no ha ejecutado un golpe.

Golpe de penalidad: Punto que se debe sumar al score cuando se comete una infracción al reglamento, ocupando la bola se declara injugable.

Globo: Parábola que realiza la bola cuando se golpea por debajo de su centro, normalmente es un golpe muy corto.

Green: Superficie de terreno que está especialmente preparado para el putt. Una bola está en el green cuando cualquier parte de la misma toca el green.

Greensome: Fórmula de juego por parejas en la que salen ambos de cada hoyo, eligen la mejor colocada (la otra se recoge) y la siguen jugando a golpes alternos hasta acabar el hoyo.

Greensome Chapman: Fórmula de juego por parejas en la que salen ambos en cada hoyo, cada jugador juega el segundo golpe con la bola de su compañero y en el tercer golpe se elige una de las dos bolas, la cual se sigue jugando hasta concluir el hoyo a golpes alternos.

Grip (agarre): Forma en la que un jugador sujeta el palo. También se llama grip a la parte del palo por donde se le coge para hacer el swing.

Gross score: El total del score, antes de restarle el handicap.

Halved: Propuesta de empate en el juego por hoyos: se darían mutuamente los puts pendientes. Suele proponerse con intenciones de guerra psicológica. Cualquiera es libre tanto para pedirlo como para aceptarlo o rechazarlo.

Handicap: Número de golpes de ventaja (certificados por la federación) que tiene un jugador sobre otro o sobre el campo, se utiliza para evaluar el nivel del jugador, entre más bajo sea este, mejor será el juego del individuo.

Honor: Lo tiene el jugador que debe jugar primero en el siguiente tee, que es el que realizó mejor resultado el hoyo anterior.

Hook: Es cuando la bola sale en dirección al objetivo y coge un fuerte efecto hacia la izquierda (también se le denomina gancho).

Hoyo: En el golf tiene dos significados: cuando cada uno de los hoyos de un campo lo compone la zona comprendida entre el tee y el green y dentro del green, el hoyo es donde se emboca la bola. Tiene un diámetro de 108 mm y por lo menos 100 mm de profundidad.

Hoyo en uno (hole in one): Cuando el jugador aboca la pelota de un solo golpe. Generalmente en hoyos par 3.

Ir abajo: Cuando se está perdiendo el partido (uno abajo, dos abajo, tres abajo, etc.).

Ir «all square»: Cuando el partido va empatado.

Ir arriba: Se utiliza cuando se está ganando el partido (uno arriba, dos arriba, tres arriba, etc.).

Lie (campo): Lugar en que está reposando la bola, y que puede tener inclinación respecto a un punto plano.

Lie (bastón): Es el ángulo de inclinación que tiene un bastón respecto a la varilla.

Loft: Indica el grado de inclinación (ángulo) de la cara del palo.

Match play: Es una forma de competencia que consiste en jugar por número de hoyos ganados.

Medal play: Es una forma de competencia que consiste en jugar por medio del gross score, el que haga menos score gana.

Mulligan: En los partidos amistosos, es la opción de repetir la salida en el primer hoyo.

Par: Se hace PAR, cuando se emboca la bola con los golpes que la tarjeta del campo indica que se deben hacer en un hoyo.

Pro-Am: Competencia en la que forman equipo un profesional y uno o varios amateurs.

Putt o pat: Es un golpe dado con el putter y que se suele dar en el green.

Putter: Palo que se emplea para patear o potear, normalmente dentro del green.

Rough (raf): Zona del campo donde el pasto no está cortado al ras, como en el fairway o en el green.

Score neto: Score total cuando ya se ha restado el handicap.

Scramble: Fórmula de juego por equipos de dos o más jugadores. Salen todos del tee, eligen la bola mejor colocada y desde ese punto vuelven a jugar todos el siguiente golpe, y así sucesivamente hasta acabar cada hoyo. Se utiliza para ligar competidores de diferente handicap y en ocasiones donde debe prevalecer la diversión.

Slice: Es el efecto que se le pone a la bola para que salga en dirección al objetivo y coge un fuerte efecto hacia la derecha.

Stableford: Fórmula de juego en la que en cada hoyo se puntúa con relación al par: Un punto por el bogey, dos por el par, tres por el birdie, cuatro por el eagle. Cuando no se ha podido terminar en los golpes que valen para la puntuación, se recoge la bola. Es la única fórmula en la que gana quien suma más alto. El stableford se utiliza actualmente muchísimo en premios locales, porque es una fórmula menos lenta que otras y permite levantar la bola.

Stance: Posición que adquiere el jugador frente a la bola para realizar el golpe.

Stroke (golpes): Unidades que miden el marcador de cada golfista.

Swing: Movimiento del palo para golpear a la bola o para ensayar.

Tee: Soporte, normalmente de madera o de plástico, para colocar la bola en el tee de salida.

Tee de salida: Sitio desde el que se inicia el juego en un hoyo. Dos marcas señalan donde se tiene que realizar el primer golpe de cada hoyo. Una bola está fuera del lugar de salida cuando toda ella reposa fuera de esta área.

Threesome: Partida de tres jugadores.

Topar: Hacer un golpe defectuoso que consiste en golpear la bola en su parte superior, haciendo que la bola, salga, después del impacto, rasa, sin elevación.

Wedge: Nombre genérico que se aplica a los palos usados en el juego corto. Por ejemplo: pitching wedge, lob wedge y sand wedge (blaster). Se caracterizan por ser cortos y tener la cara muy abierta, dan a la bola una mayor elevación.

Notas

1. Caddie: Es quien lleva los palos de un jugador durante el juego y le ayuda de acuerdo con las reglas.
2. Foursome: Fórmula de juego por parejas, es la fórmula más difícil por parejas, es habitual en campeonatos.
3. Tee de salida: Sitio desde el que se inicia el juego en un hoyo.
4. Tee: Soporte, normalmente de madera o plástico, para colocar la bola en el tee de salida.
5. Drive: Golpe largo.
6. Fairway o calle: Zona del recorrido de cada hoyo, desde el tee de salida, hasta el comienzo del green (terreno que circunda el hoyo).
7. Handicap: Número de golpes de ventaja, certificados por la federación, que tiene un jugador sobre otro o sobre el campo; a menor cantidad de golpes, mejor juego.
8. Swing: Movimiento del palo para golpear la bola o para ensayar.
9. Bogey: Cuando se emboca la bola con un golpe más del par del hoyo.
10. Par: Cuando se emboca la bola con los golpes que la tarjeta del campo indica que se deben hacer en un hoyo.
11. Green: Es el terreno que circunda el hoyo y que está especialmente preparado para que la pelota ruede suavemente hacia él.

12. Stroke (golpes): Unidades que miden el marcador de cada golfista.
13. Birdie: Un golpe menos.
14. Eagle: Dos golpes menos que el par.
15. Putt: Golpe que se suele dar en el green.
16. Putter: Palo empleado para «patear o potear», normalmente se usa dentro del green.
17. Chuleta: Trozo de césped que se arranca con el palo de golf al golpear la bola, su nombre original es divot.

Acerca de los autores

Ken Blanchard es el director general espiritual de The Ken Blanchard Companies, un líder mundial en capacitación en el trabajo. Es coautor de varios libros de gran éxito de ventas, incluyendo el éxito internacional de librerías *El manager al minuto* y los monumentales éxitos de venta en materia de negocios *Whale Done!* y *Raving Fans*. Sus libros han generado ventas por un total de más de 18 millones de ejemplares en más de 25 idiomas. También es el cofundador de The Center for Faithwalk Leadership, un ministerio sin fines de lucro comprometido a ayudar a la gente a guiar como Jesús.

Wally Armstrong compitió en más de 300 torneos de la Asociación Profesional de Golfistas a nivel mundial, obteniendo una membresía de por vida de la gira PGA Tour. Él ahora viaja por todo el mundo dando conferencias y clases prácticas a organizaciones benéficas y corporaciones, así como también produciendo videos, clases y libros acerca de la técnica del golf.